Allan Kardec
para todos
Síntese ilustrada das obras do Codificador do Espiritismo

Luis Hu Rivas

Allan Kardec
para todos
Síntese ilustrada das obras do Codificador do Espiritismo

Copyright © 2012 *by*
FEDERAÇÃO ESPÍRITA BRASILEIRA – FEB

1ª edição – 2ª impressão – 6 mil exemplares – 1/2016

ISBN 978-85-7328-909-1

Todos os direitos reservados. Nenhuma parte desta publicação pode ser reproduzida, armazenada ou transmitida, total ou parcialmente, por quaisquer métodos ou processos, sem autorização do detentor do *copyright*.

FEDERAÇÃO ESPÍRITA BRASILEIRA – FEB
Av. L2 Norte – Q. 603 – Conjunto F (SGAN)
70830-106 – Brasília (DF) – Brasil
www.febeditora.com.br
editorial@febnet.org.br
+55 61 2101 6184

Pedidos de livros à FEB
Gerência comercial
Tel.: (61) 2101 6168/6177 – comercialfeb@febnet.org.br

Texto revisado conforme o Novo Acordo Ortográfico.

Dados Internacionais de Catalogação na Publicação (CIP)
(Federação Espírita Brasileira – Biblioteca de Obras Raras)

R618a   Rivas, Luis Raynaud Hu, 1975–

           Allan Kardec para todos: síntese ilustrada das obras do codificador do Espiritismo / organizado por Luis Raynaud Hu Rivas. – 1. ed. – 2. imp. – Brasília: FEB, 2015.

           142 p.; il. color.; 25 cm.

           ISBN 978-85-7328-909-1

           1. Espiritismo – Doutrina. I. Federação Espírita Brasileira. II. Título.

                                                 CDD 133.9
                                                 CDU 133.7
                                                 CDE 00.05.08

Sumário

Prólogo 7
Por que conhecer Allan Kardec? 8
Apresentação 9

Allan Kardec 12
Vida escolar 13
Obras Básicas 16
O que é o Espiritismo? 19
Revista Espírita 20
Atividades 22

O Livro dos Espíritos 26
Introdução e Prolegômenos 27
Parte I: Causas primeiras 28
Parte II: Mundo espiritual ou dos Espíritos 30
Parte III: Leis morais 33
Parte IV: Esperanças e consolações 35
Atividades 36

O Livro dos Médiuns 40
Parte I: Noções preliminares 40
Parte II: Manifestações espíritas 44
Atividades 50

O Evangelho segundo o Espiritismo 54
Introdução 55
As três revelações 56
Atividades 64

O Céu e o Inferno 68
Parte I: Doutrina 69
Por que os espíritas não temem a morte? 70
Parte II: Exemplos 75
Atividades 78

A Gênese 82
- Parte I: A Gênese 83
- Parte II: Os milagres 88
- Parte III: As predições 90
- Atividades 92

Obras Póstumas 96
- Discurso pronunciado junto ao túmulo de Allan Kardec por Camille Flammarion 97
- Parte I: Caráter e consequências religiosas das manifestações dos Espíritos 98
- Parte II: A minha iniciação no Espiritismo 102
- Atividades 106

Outras obras 110
- O que é o Espiritismo 110
- O Espiritismo na sua expressão mais simples 112
- Resumo da lei dos fenômenos espíritas 113
- Caráter da Revelação Espírita 114
- Catálogo racional das obras para se fundar uma biblioteca espírita 115
- Instrução prática sobre as manifestações espíritas 116
- Viagem espírita em 1862 118
- Atividades 120

Anexos 124
- Prolegômenos 124
- Os bons espíritas 126
- O Espiritismo é uma Religião? 128
- Resposta de Allan Kardec 132
- Sociedade Parisiense de Estudos Espíritas 134
- Expoentes da Codificação 136
- Bibliografia / Referências 141
- Solução de Atividades 142

Prólogo

A Federação Espírita Brasileira tem a grata satisfação de oferecer à família espírita de língua portuguesa o livro *Allan Kardec para todos*, compilado por Luis Hu Rivas a partir dos trechos mais significativos das obras do codificador do Espiritismo.

Como seu título o indica, este livro se destina a todos que estudam o Espiritismo e que desejam, folheando um só volume, acessar todas as matérias tratadas por Allan Kardec em suas obras doutrinárias.

O livro é fartamente ilustrado com fotografias e gravuras diretamente relacionadas com os temas abordados, sendo estes apresentados de maneira metódica e sequencial, a começar por *O livro dos espíritos*, até chegar ao opúsculo *O que é o espiritismo*. A parte final da obra apresenta interessante capítulo sobre os expoentes da Codificação Espírita, isto é, sobre os Espíritos superiores que assinaram a maioria das mensagens inseridas nos livros da Codificação Espírita, como Santo Agostinho, Sócrates, Fénelon, Lacordaire, Pascal, Emmanuel, Erasto, Swedenborg, Galileu, Joana d'Arc, Luís IX, Platão, Paulo de Tarso, Vicente de Paulo, Cura d'Ars e tantos outros.

Mas o mérito do livro não consiste apenas em sintetizar os ensinamentos doutrinários do Espiritismo e oferecer um panorama geral aos interessados na sua leitura. Traz, também, notáveis informações sobre a vida e a personalidade de Allan Kardec, além de abordar outras obras menos conhecidas e não menos importantes da lavra do codificador do Espiritismo, como *O espiritismo na sua expressão mais simples*, *Instrução prática sobre as manifestações espíritas* e *Viagem espírita em 1862*, entre outras.

Finalmente, como reconhece o próprio compilador, este livro não vem substituir o estudo e a análise aprofundada das obras de Allan Kardec, que deverão ser feitos nas próprias fontes que serviram de base para a elaboração desta síntese. Sua leitura, contudo, por certo abrirá caminhos à compreensão dos leitores e facilitará o entendimento dos temas mais complexos, sobretudo daqueles que exigem maior reflexão.

Brasília (DF), janeiro de 2014.
Evandro Noleto Bezerra

Por que conhecer ALLAN KARDEC?

Em todas as épocas da humanidade têm surgido grandes personagens, aos quais a História faz referência. Muitos se têm destacado como cientistas, religiosos, filósofos, artistas, reis, imperadores e grandes líderes. Um deles, porém, não tem merecido a devida atenção por parte dos historiadores; referimo-nos a Hippolyte Léon Denizard Rivail, o codificador do Espiritismo, mais conhecido pelo pseudônimo de Allan Kardec.

Acreditamos que os historiadores do futuro verão e reconhecerão em Allan Kardec um dos maiores homens dos últimos tempos, não só o codificador de uma doutrina científico-filosófico-religiosa, mas um dos maiores vultos da humanidade.

Ele não será considerado apenas como o divulgador de uma nova ideia, mas como o homem que veio desvendar segredos ocultos que a própria Ciência ignorava. Enquanto a Ciência pesquisa os fenômenos da matéria, o Espiritismo demonstra a realidade dos fenômenos espirituais, não se atendo aos efeitos, somente, mas às causas que os geram.

Além disso, Allan Kardec será reconhecido como um dos maiores filósofos do século XIX, se não da atualidade, o grande precursor, o iniciador de uma Nova Era — a era da filosofia da alma imortal — embora os ensinos que ele vulgarizou tenham sua fonte nos Espíritos do Senhor, que são as vozes dos céus.

Será, pois, chamado o grande filósofo da humanidade, o homem que "matou a morte" e conseguiu desvendar o grande mistério das filosofias: a origem, o destino e a sorte das almas após a morte do corpo físico.

Mais ainda: Allan Kardec será admirado principalmente pela sua contribuição na área da religião, por ter revelado o Cristo em "Espírito e Verdade", por ter conseguido fazer a ponte entre a Ciência e a Religião; enfim, como aquele "bom senso encarnado" a que se referiu Flammarion, capaz de responder à maioria das dúvidas que assolam a humanidade: de onde viemos, o que estamos fazendo na Terra, para onde iremos quando morrermos.

Allan Kardec (1804–1869), codificador do Espiritismo

Será, pois, Allan Kardec um dos indivíduos mais respeitados entre os homens, não só pelos espíritas, mas por todas as criaturas que venham habitar este orbe de expiação e provas, hoje em fase de transformação para mundo regenerador. E será reconhecido não só como o codificador da Doutrina Espírita, mas como um dos maiores educadores que já encarnaram neste planeta.

Alinhamos aqui algumas das características pelas quais achamos importante conhecer Allan Kardec, o homem e a obra, para que melhor possamos compreender a sua missão entre nós, qual seja a de materializar na Terra a presença do Consolador Prometido há 2 mil anos pela misericórdia de Jesus.

APRESENTAÇÃO

Em nossas diversas viagens, exposições e conversas pelo mundo afora, observamos que muitos espíritas, ou que assim se denominam, desconhecem o conteúdo das obras básicas da Doutrina que afirmam professar.

Os motivos alegados são os mais diversos; alguns se justificam pela falta de tempo, outros pela dificuldade em compreender os assuntos expostos nos livros doutrinários, que consideram complexos; outros, ainda, por nem mesmo saberem quais são essas obras, ou quais as que ainda continuam sendo editadas.

Nem todos os espíritas, portanto, conhecem as obras do codificador. Alguns têm lido ao acaso este ou aquele capítulo de *O evangelho segundo o espiritismo*, enquanto outros já ouviram referências, nas palestras a que assistem, a uma ou outra questão de *O livro dos espíritos*. Dos demais livros, nem uma palavra!

É verdade que alguns espíritas conhecem as obras básicas da codificação, aquelas que compõem o chamado "Pentateuco Kardequiano", o que não significa que conheçam as chamadas obras complementares, como a *Revista Espírita*; *O que é o espiritismo*; *Obras póstumas* e outras não menos importantes.

Sabemos, por outro lado, que a leitura das obras espíritas requer tempo, análise e meditação sobre os seus postulados. Considerando-se que o seu conteúdo é fruto da pesquisa e observação de um dos maiores pensadores da humanidade, exige, para tal, paciência e perseverança. Entretanto, e sem nenhuma pretensão de nossa parte, tentaremos oferecer aqui uma modesta contribuição aos companheiros de ideal, bem como àqueles que quiserem ter uma ideia sucinta das obras sistematizadas pelo mestre de Lyon.

Neste sentido, colocamos à disposição dos nossos irmãos espíritas este singelo trabalho, sobretudo àqueles que se iniciam no conhecimento e na prática do Espiritismo, como um convite para que comecem a estudar o Espiritismo.

Esperamos que este material didático e ilustrativo, a exemplo do opúsculo *O espiritismo na sua expressão mais simples*, possa contribuir para que se conheça cada vez mais e melhor o codificador do Espiritismo e sua obra.

Para alguns será uma descoberta, para outros um guia rápido de acesso aos conteúdos doutrinários do Espiritismo, além de servir de veículo para a perfeita compreensão do pensamento de Allan Kardec e de sua vasta obra.

Luis Hu Rivas

Mesmo entre as pessoas que se dizem espíritas, poucas conhecem realmente as obras da codificação.

A grande maioria prefere ouvir de outros, a ler as informações em fontes seguras. E, em se tratando de Doutrina Espírita, as fontes reconhecidamente seguras são as leituras integrais das obras de Allan Kardec:

1 – *O livro dos Espíritos* (1857)
2 – *O livro dos médiuns* (1861)
3 – *O Evangelho segundo o Espiritismo* (1864)
4 – *O Céu e o Inferno* (1865)
5 – *A Gênese* (1868)

Talvez para muitos, a leitura de Kardec, logo de início, ofereça dificuldade, razão pela qual elaboramos esta obra auxiliar para aqueles que estiverem decididos a estudar o Espiritismo. No entanto, as orientações aqui contidas NÃO DISPENSAM A LEITURA E O ESTUDO DAS OBRAS BÁSICAS DA DOUTRINA ESPÍRITA, e se o leitor quiser realmente conhecer a Doutrina, terá que estudá-las.

CAPÍTULO 1

Allan Kardec

CAPÍTULO 1

Allan Kardec

Allan Kardec (1804–1869)

Hippolyte Léon Denizard Rivail nasceu em 3 de outubro de 1804, na cidade de Lyon, França; e tornou-se célebre com o pseudônimo de Allan Kardec.

Em Lyon fez os seus primeiros estudos, seguindo depois para Yverdon, na Suíça, a fim de estudar no Instituto do célebre professor Johann Heinrich Pestalozzi, que era a escola-modelo da Europa.

Concluídos os seus estudos em Yverdon, regressou a Paris, onde tornou-se Mestre não só em Letras como em Ciências. Estudou diversas línguas como o italiano e o alemão. Veio a conhecer no mundo literário de Paris a professora Amélie-Gabrielle Boudet, contrai com ela matrimônio.

Rivail publicou numerosos livros didáticos. Entre suas obras, destacam-se: *Curso teórico e prático de aritmética*, *Gramática francesa clássica*, além de programas de cursos de Física, Química, Astronomia e Fisiologia. Ao término desta experiência pedagógica, o professor Hippolyte estava preparado para a tarefa de codificar o Espiritismo.

Começa então a missão de Allan Kardec quando, em 1854, ouviu falar pela primeira vez das "mesas girantes", por meio do seu amigo Fortier, que o convida para assistir a uma reunião de mesas falantes.

Pensando em descobrir novos fenômenos ligados ao magnetismo, pelo qual se interessava, aceita o convite.

Depois de algumas sessões, começou a questionar para achar uma resposta lógica que pudesse explicar o fato de objetos inertes emitirem mensagens inteligentes.

Rivail se perguntava: como pode uma mesa pensar sem ter cérebro e sentir sem ter nervos? Mais tarde chegaria à conclusão de que não era a mesa quem respondia, e sim, as almas dos homens que já tinham vivido na Terra e que agora se valiam dela para se comunicarem.

Monumento em Lyon
Allan Kardec é homenageado por meio do menir (monumentos representativos da cultura celta) em Lyon, inaugurado na cidade natal do codificador a 18 de abril de 2005. O menir foi erigido entre as pistas de uma das principais avenidas de Lyon — Quai Docteur Gailleton, esquina com a Rue Sala, local onde existia a casa em que nasceu Rivail.

Henri Sausse
(1852–1928)
Biógrafo de Allan Kardec

Vida Escolar

A educação transmitida por Pestalozzi marcou profundamente a vida futura do jovem Rivail e, consequentemente, seu trabalho na Codificação Espírita.

Fez em Lyon os seus primeiros estudos e os completou em seguida, em Yverdon (Suíça), com o célebre professor Pestalozzi, de quem cedo se tornou um dos mais eminentes discípulos, colaborador inteligente e devotado. Aplicou-se, de todo o coração, à propaganda do sistema de educação que exerceu tão grande influência sobre a reforma dos estudos na França e na Alemanha.

Desde os 14 anos explicava a seus colegas, as lições do Mestre, visto que a sua inteligência, tão aberta e tão ativa, captava as lições de Pestalozzi tão logo eram enunciadas na sala de aula. Foi nessa escola que se desenvolveram as ideias que mais tarde deviam fazer de Rivail um observador atento, meticuloso, um pensador prudente e profundo.

As dificuldades por que passou inicialmente, devidas ao fato de ser católico num país protestante, o levaram, desde cedo, a ser tolerante e o transformaram num homem de progresso, num livre-pensador judicioso, querendo compreender primeiro, antes de acreditar naquilo que lhe ensinavam.

Muitas vezes, quando Pestalozzi era chamado pelos governos, para fundar institutos semelhantes ao de Yverdon confiava a Denizard Rivail o encargo de o substituir na direção da sua escola.

O discípulo tornado Mestre tinha a capacidade para levar a tarefa que lhe era confiada. Linguista insigne, conhecia a fundo e falava fluentemente o alemão, o inglês, o italiano e o espanhol; conhecia também o holandês, e podia facilmente exprimir-se nesta língua.

Mais tarde, veio fundar em Paris um estabelecimento semelhante ao de Yverdon.

Johann Heinrich Pestalozzi (1746–1827), conhecido como "o educador da humanidade", foi um dos mais famosos e respeitados em toda a Europa, conceituado como escola-modelo, por onde passaram sábios e escritores do velho continente.

Um dos benefícios do método de ensino de Pestalozzi era desenvolver a alma e o espírito da criança. Este modo de instrução estabelece uma espécie de permuta, de comunicação, de relação entre as crianças, dispondo-as à moral prática, às relações sociais e às virtudes que elas deverão praticar, quando se tornarem adultas.

Yverdon, Suíça. O Instituto do célebre Pestalozzi

CAPÍTULO 1

Em 30 de abril de 1856, uma mensagem foi destinada especificamente para ele. Um Espírito chamado "Verdade" revelou-lhe a missão a desenvolver.

Daria vida a uma nova doutrina, que viria para dar luz aos homens, esclarecer consciências, renovando e transformando o mundo inteiro.

Kardec afirmou que não se considerava um homem digno para uma tarefa de tal magnitude, não obstante, faria todo o possível por desempenhar as obrigações que lhe tinham sido encomendadas. No que tange ao método, Kardec adota o intuitivo-racionalista Pestallozziano: teoria, teoria-prática e prática na aprendizagem.

Ilustração da época com a cúpula de vidro da Galerie d'Orléans do Palais Royal em Paris, França, local de lançamento de *O livro dos espíritos*.

Em 18 de abril de 1857 publica *O livro dos espíritos*, contendo perguntas feitas através de diferentes médiuns aos Espíritos superiores. Por sugestão dos próprios Espíritos, assina com o pseudônimo de Allan Kardec, nome que tivera numa existência anterior quando fora sacerdote druida.

No ano 1858 edita a *Revista Espírita*, em 1º de abril funda a primeira Sociedade Espírita — Société Parisienne des Études Spirites — sucessivamente publica *O livro dos médiuns*, *O evangelho segundo o espiritismo*, *O céu e o inferno* e *A gênese*.

Trabalhador infatigável, chamado por Camille Flammarion *o bom senso encarnado*, Allan Kardec, desencarna a 31 de março de 1869.

Cumprida exemplarmente estava a missão do expoente máximo do Espiritismo, a coordenação e codificação da Terceira Revelação.

Hippolyte Léon Denizard Rivail tornou-se célebre com o pseudônimo de Allan Kardec.

Residência de Allan Kardec, na Rue e Passage Sainte-Anne no 59, em Paris, onde concentrava as suas atividades espíritas.

Amélie-Gabrielle Boudet
(1795–1883)
Conhecida mais tarde como "Madame Allan Kardec", a professora Amélie colaborou com seu esposo nas suas atividades didáticas, além de ser uma dedicada companheira que o apoiou em todos os momentos.

Dólmen de Allan Kardec, com arquitetura de estilo celta, encontra-se no Père-Lachaise. O cemitério mais importante de Paris, e um dos mais visitados do mundo. Em 31 de março de 1870, foi inaugurado o dólmen de Kardec, que se converteu em ponto de atração para os turistas que visitam a necrópole.

CRONOLOGIA DE HIPPOLYTE LÉON DENIZARD RIVAIL (1804–1857)

1804 – Nasce em Lyon na França, em 3 de outubro, Hippolyte Léon Denizard Rivail

1815 – Rivail é enviado pelos pais ao Instituto de Yverdon, na Suíça sob a responsabilidade de João Henrique Pestalozzi.

1819 – Desempenha no Instituto a função de submestre.

1822 – Retorna a Paris.

1823 – Em 1º de fevereiro foi relacionado na *Bibliographie de la France*, o prospecto intitulado: *Cours Pratique et Théorique D'Arithmétique, d'après les principes de Pestalozzi, avec des modifications* assinado por H.L.D. Rivail.

1825 – Começa a dirigir a Escola de Primeiro Grau fundada por ele em Paris.

1826 – Surge em Paris, à rua de Sévres nº 35, a Instituição Rivail, que era um instituto técnico.

1828 – Em junho publica o *Plan proposé pour l'amélioration de l'éducation publique*.

1831 – Publica uma *Mémoire sur l'instruction publique* e a sua *Grammaire Française Classique sur um nouveau plan*. Participa de um concurso promovido pela Academia Real das Ciências de Arrás, no qual saiu vencedor com o trabalho.

1832 – Casa-se em 9 de fevereiro com Amélie-Gabrielle Boudet.

1834 – Último ano de funcionamento da Instituição Rivail.

1835 – Trabalha como contabilista de casas comerciais e dedica-se à preparação de cursos. Neste ano passa a ministrar cursos gratuitos a alunos pobres em sua residência.

1848 – Aparece o *Catéchisme grammatical de la langue française*.

1850 – Em 26 de janeiro publica *Dictées du premiere âge* e em 13 de abril o *Dictées du second âge*.

1854 – Por duas vezes encontra-se com seu amigo, o Sr. Fortier, e ouve falar sobre as mesas girantes.

1855 – Encontra-se com seu velho amigo o Sr. Carlotti, que lhe fala da intervenção dos Espíritos no fenômeno das mesas girantes. Em maio vai a casa da Sra. Roger, em companhia do Sr. Fortier, onde é convidado para assistir a uma reunião na casa da Sra. Plainemaison e ali presenciou pela primeira vez o fenômeno das mesas girantes.

1856 – Frequenta as sessões na casa do Sr. Roustan e senhorita Japhet. Em 25 de março, na casa do Sr. Baudin, através da médium Srta. Baudin toma conhecimento da existência do seu guia espiritual, cujo nome era "Verdade".

CRONOLOGIA DE ALLAN KARDEC (1857–1869)

1857 – Em 18 de abril, é publicada a primeira edição de *O livro dos espíritos* contendo 501 perguntas. No momento de publicá-lo, Rivail adotou o pseudônimo Allan Kardec. O livro foi publicado pelo livreiro Edouard Henri Justin Dentu, com tiragem inicial de 1200 exemplares. (Palais Royal, Galérie d'Orleans, 13 – Paris).

1858 – Em 1º de janeiro saía à rua o primeiro número da *Revue Spirite*.
Em 1º de abril, Kardec fundava em Paris a Sociéte Parisienne des Études Spirites.

1859 – Lançamento do livro *O que é o espiritismo*.

1860 – Lançamento da 2ª edição de *O livro dos espíritos*, com 1019 perguntas. Kardec visita os espíritas de Lyon e Saint-Étienne. A Sociedade Espírita de Paris e a *Revista Espírita* passam a ter um novo endereço: rue Ste-Anne, Passage Ste-Anne, 59.

1861 – Visita os espíritas de Lyon em setembro, visitando também as cidades de Sens e Mâcon. Em Barcelona, no dia 9 de outubro, trezentos livros espíritas foram queimados, acontecimento denominado Auto de Fé de Barcelona. Em 15 de janeiro é publicado *O livro dos médiuns*.

1862 – Os espíritas de Lyon e Bordéus convidam Kardec a visitá-lo. Lançamento do livro *Viagem espírita em 1862* e *O espiritismo na sua expressão mais simples*.

1864 – Visita os espíritas de Bruxelas e Antuérpia. Lançamento do livro *Imitação do evangelho segundo o espiritismo*.

1865 – Lançamento da 2ª edição com o título *O evangelho segundo o espiritismo*. Em 1º de agosto é publicado o livro *O céu e o inferno*.

1867 – Visita a Sociedade Espírita de Bordéus e Tours.

1868 – Lançamento do livro *A gênese*.

1869 – Desencarnação de Allan Kardec em 31 de março, na Passage Ste-Anne, 59.
Ao meio-dia de 2 de abril, Allan Kardec foi sepultado no Cemitério de Montmartre.

1870 – Em 29 de março, aconteceu a exumação dos despojos mortais de Allan Kardec, e sua transferência para o Cemitério de Père-Lachaise.
Em 31 de março, pelas duas horas da tarde, os espíritas inauguravam o monumento dolmênico levantado em memória a Allan Kardec, com a seguinte inscrição: *Naître, mourir, renaître encore et progresser sans cesse telle est la loi.*

CAPÍTULO 1

Obras Básicas

O desenvolvimento da Codificação Espírita, basicamente, teve início na residência da família Baudin, no ano de 1855. Na casa havia duas jovens que eram médiuns. Tratava-se de Julie e Caroline Baudin, de 14 e 16 anos, respectivamente.

Todo o trabalho da nova revelação era revisado várias vezes, para evitar erros ou interpretações duvidosas. As questões mais graves, relativas à Doutrina, eram revisadas com o auxílio de até dez médiuns.

Das perguntas elaboradas aos Espíritos nasceu *O livro dos espíritos*, publicado em 18 de abril de 1857.

Allan Kardec, na etapa de sua vida espírita, dedicou-se intensivamente ao trabalho da expansão e divulgação da Boa-Nova. Viajou 693 léguas (2.217 km), visitou 20 cidades e assistiu a mais de 50 reuniões doutrinárias de Espiritismo, na sua viagem pelo interior da França no ano de 1862.

Fundou a *Sociedade Parisiense de Estudos Espíritas*, que se destinaria a estudar, divulgar e explicar a nova doutrina.

Em 1º de janeiro de 1858, o codificador abraçou uma nova atividade. Inaugura a *Revista Espírita*, de publicação mensal, cujo objetivo era informar aos adeptos do Espiritismo sobre seu crescimento e debater questões vinculadas às práticas doutrinárias; assim teve início a imprensa espírita.

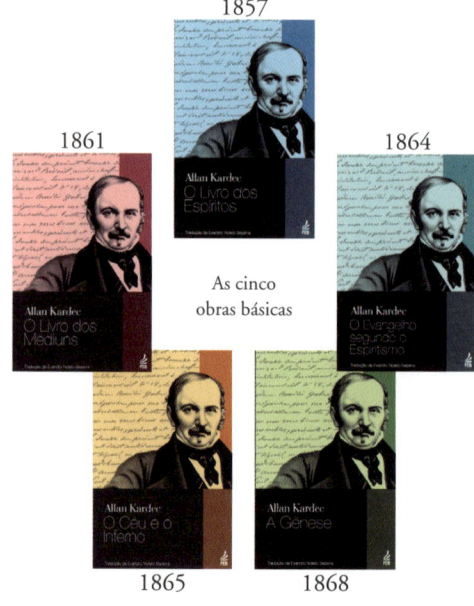

As cinco obras básicas

O objetivo essencial do Espiritismo é o melhoramento dos homens.

Ilustração da época da Livraria Dentu, na Galerie d'Orléans do Palais Royal, Paris. Lugar onde foi lançado *O livro dos espíritos*.

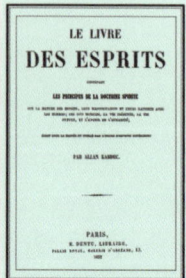

O livro dos Espíritos (original em francês) Em 18 de abril de 1857 foi publicado e com ele veio à luz a Doutrina Espírita.

Obras básicas da Codificação Espírita para a orientação dos seguidores do Espiritismo.
Os cinco livros básicos de Allan Kardec que constituem a Codificação Espírita, também conhecidos como Pentateuco Kardequiano, são:
O livro dos Espíritos
O livro dos médiuns
O Evangelho segundo o Espiritismo
O Céu e o Inferno
A Gênese
Neles, Allan Kardec reuniu os ensinamentos da Espiritualidade superior, organizando e analisando, de forma que ficassem claros e interessantes.

O Pentateuco Kardequiano

1 – *O livro dos Espíritos* (1857):

Contém os princípios da Doutrina Espírita. Trata sobre a imortalidade da alma, a natureza dos Espíritos e suas relações com os homens, as leis morais, a vida presente, a vida futura e o porvir da humanidade – segundo os ensinos dados por Espíritos superiores com o concurso de diversos médiuns – recebidos e coordenados por Allan Kardec. Divide-se em quatro tópicos: "As causas primeiras"; "Mundo espiritual ou dos Espíritos"; "Leis morais"; e "Esperanças e consolações".

2 – *O livro dos médiuns* (1861):

Orienta a conduta prática das pessoas que exercem a função de intermediar o mundo espiritual com o material. Mostra aos médiuns os inconvenientes da mediunidade, suas virtudes e os perigos provindos de uma faculdade descontrolada. Ensina a forma de se obter contatos proveitosos e edificantes junto à Espiritualidade. A obra demonstra ainda as consequências morais e filosóficas decorrentes das relações entre o invisível e o visível. É o maior tratado de paranormalidade já escrito.

3 – *O Evangelho segundo o Espiritismo* (1864):

Trata-se da parte moral e religiosa da Doutrina Espírita. Ensina a teoria e a prática do Cristianismo, através de comentários sobre as principais passagens da vida de Jesus, feitos por Allan Kardec e pelos Espíritos superiores. Mostra que as parábolas existentes no Evangelho, que aos olhos humanos parecem fantasias, na verdade exprimem o mais profundo código de conduta moral de que se tem notícia.

4 – *O Céu e o Inferno* (1865):

Neste livro, através da evocação dos Espíritos, Allan Kardec apresenta a verdadeira face do desejado "Céu", do temido "Inferno", como também do chamado "Purgatório". Põe fim às penas eternas, demonstrando que tudo no universo evolui e que as teorias sobre o sofrimento no fogo do inferno nada mais são do que uma ilusão. Comunicações de Espíritos desencarnados, de cultura e hábitos diversos, são analisadas e comentadas pelo codificador, mostrando a situação de felicidade, de arrependimento ou sofrimento dos que habitam o mundo espiritual.

5 – *A Gênese* (1868):

Este livro é um estudo a respeito de como foi criado o mundo, como apareceram as criaturas e como é o universo em suas faces material e espiritual; é a parte científica da Doutrina Espírita. Explica a Criação, colocando Ciência e Religião face a face. O Gênesis bíblico é estudado e visto como uma realidade científica, disfarçado por alegorias e lendas.

Os "milagres", realizados por Jesus, são explicados como sendo produto da modificação dos elementos da natureza, sob a ação de sua poderosa mediunidade.

CAPÍTULO 1

Obras póstumas

Publicado em 1890, 21 anos depois da desencarnação de Allan Kardec, o livro foi compilado pelos seus sucessores e nos oferece a biografia do codificador, com comentários referentes às suas preocupações relativas à organização das sociedades espíritas e ao futuro do Espiritismo. Apresenta importantes registros deixados por Allan Kardec, acerca de pontos doutrinários e fundamentação do Espiritismo e inclui apontamentos em torno da iniciação espírita e o roteiro missionário de Kardec.

Obras de Allan Kardec e Chico Xavier

Através do médium Francisco Cândido Xavier, o Espírito Emmanuel, que fizera parte da equipe dos Espíritos da Codificação, e também o Espírito André Luiz, homenagearam os 100 anos de cada obra básica. Não houve preocupação de ser complemento nem suplemento, mas de marcar e de assinalar a importância das obras básicas, realizando comentários nas obras específicas.

O livro dos Espíritos	1857
Religião dos Espíritos	1960
O livro dos médiuns	1861
Seara dos médiuns	1961
O Evangelho segundo o Espiritismo	1864
Livro da esperança	1964
O Céu e o Inferno	1865
Justiça divina	1962
A Gênese	1868
Evolução em dois mundos	1960

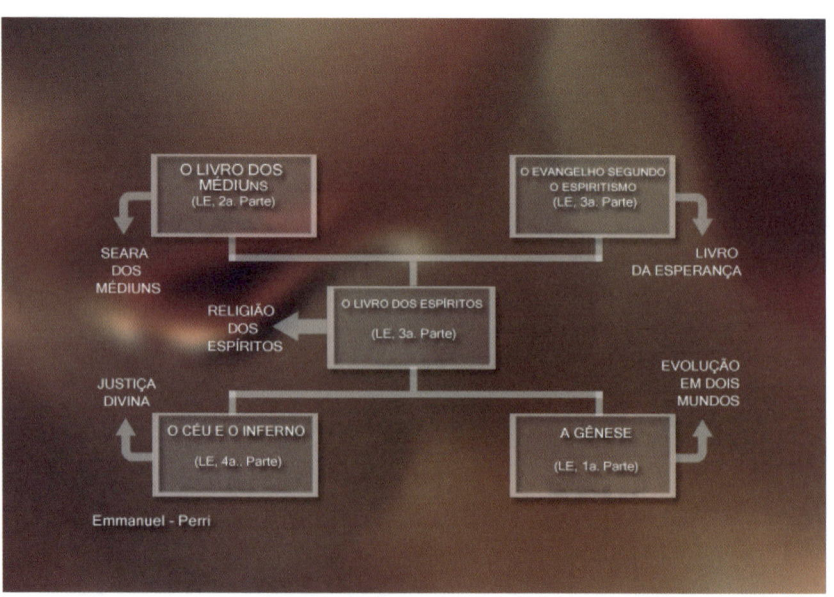

O que é o Espiritismo?

> "O Espiritismo instituirá a verdadeira religião, a religião natural, a que parte do coração e vai diretamente a Deus".

Allan Kardec criou o neologismo Espiritismo, palavra que até então não existia, para designar este novo conjunto de ideias, definindo assim: "O Espiritismo é uma ciência que trata da natureza, origem e destino dos Espíritos, bem como de suas relações com o mundo corporal".

O Espiritismo é, ao mesmo tempo, uma ciência de observação e uma doutrina filosófica. Como ciência prática, ele consiste nas relações que se estabelecem entre nós e os Espíritos; como filosofia, compreende todas as consequências morais que dimanam dessas mesmas relações.

O Espiritismo é uma doutrina filosófica de efeitos religiosos, como qualquer filosofia espiritualista, pelo que forçosamente vai ter às bases fundamentais de todas as religiões: Deus, a alma e a vida futura. Mas, não é uma religião constituída, visto que não tem culto, nem rituais, nem templos.

Sem ser uma religião constituída, o Espiritismo se prende essencialmente às ideias religiosas, desenvolve-as naqueles que as têm incertas.

Os três aspectos do Espiritismo: Científico, Filosófico, Religioso

Obras de Allan Kardec

O livro dos Espíritos	1857
Revista Espírita (12 vol.)	1858–1869
Instrução prática sobre as manifestações espíritas	1858
O que é o Espiritismo	1859
O livro dos médiuns	1861
O Espiritismo na sua expressão mais simples	1862
Viagem espírita em 1862	1862
O Evangelho segundo o Espiritismo	1864
Resumo da lei dos fenômenos espíritas	1864
O Céu e o Inferno	1865
Caráter da Revelação Espírita	1868
A Gênese	1868
Catálogo racional das obras para se fundar uma biblioteca espírita	1869
Obras póstumas	1890

CAPÍTULO 1

Revista Espírita

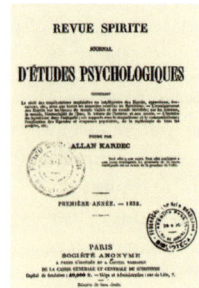

Editada por Allan Kardec durante doze anos, a *Revista Espírita* — Jornal de Estudos Psicológicos é um clássico, fundamental para entender o pensamento de Allan Kardec. A revista foi lançada em 1º de janeiro de 1858 e serviu como laboratório experimental para as obras e projetos futuros do codificador do Espiritismo. Muitos textos que aparecem em suas páginas depois fizeram parte das obras de Kardec que se seguiram à publicação de O livro dos Espíritos.

Em princípio, Allan Kardec buscou ajuda de amigos para veiculação do periódico, mas não conseguiu e se viu obrigado a redigir e a publicar o primeiro e os demais números por sua conta.

Objetivos da Revista:
1– *Satisfazer à curiosidade*
2 – *Reunir o sério ao agradável.*
3 – *Evitar a monotonia por meio da variedade.*

Importância

A publicação também foi peça fundamental para o intercâmbio de espíritas e simpatizantes de várias partes do mundo. A *Revista Espírita* contribuiu para a difusão da Doutrina Espírita, é um registro de informações sobre o trabalho de Allan Kardec, as primeiras instituições espíritas e o desenvolvimento inicial do Movimento Espírita, e também um ensaio do codificador para a elaboração de novas obras.

Conteúdo da Revista Espírita:

1 – Exposição e defesa dos pontos fundamentais da Doutrina Espírita, com vistas a fixar e sedimentar os ensinos dos Espíritos
2 – Ensaios doutrinários
3 – Ensino moral com base no Evangelho de Jesus
4 – Evocação de Espíritos
5 – Fenomenologia
6 – Dissertações de Espíritos
7 – Comentários de jornais
8 – Respostas a cartas
9 – Defesa da Doutrina
10 – Viagens
11 – Bibliografia
12 – Necrológio
13 – Poesias de Além-túmulo
14 – Autobiografia de Allan Kardec

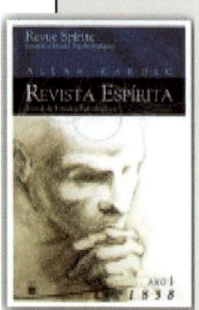

Nome completo: *Revista Espírita,* Jornal de Estudos Psicológicos.

Data: Janeiro de 1858 a abril de 1869

Lugar: Paris, França.

Autor: Allan Kardec.

A coleção da Revista Espírita *é subsídio nos Centros Espíritas para:*

I.Levantamentos históricos sobre:

1 – *Difusão do Espiritismo*
2 – *Instituições Espíritas*
3 – *Movimento Espírita*
4 – *Elaboração das obras de Allan Kardec*

II.Reuniões, cursos e seminários sobre:

1 – *Mediunidade e dissertações espirituais*
2 – *Trabalho do codificador*
3 – *Estudos históricos sobre as primeiras instituições espíritas*
4 – *Sobre a imprensa espírita e as viagens de Allan Kardec*
5 – *Elaboração das obras da codificação*
6 – *Funcionamento dos Centros Espíritas e do Movimento Espírita*
7 – *Difusão do Espiritismo*

Objetivo

Na apresentação do número inicial, Kardec destacou como um dos objetivos da *Revista Espírita* "unir por um laço comum os que compreendem a Doutrina Espírita sobre seu verdadeiro ponto de vista moral: a prática do bem e da caridade evangélica com todos".

Kardec dirigiu a *Revista Espírita* até 31 de março de 1869, sendo responsável pelo fascículo de abril do mesmo ano, que já se achava composto antes da sua desencarnação. De 1869 até 1914 a Revista continou sendo editada, tinha entre os seus colaboradores eminentes espíritas como Léon Denis e Camille Flammarion.

Entre 1914 e 1918, sofreu interrupção por motivo da I Guerra Mundial. Em outubro de 2000, foi aprovada na 7ª reunião do Conselho Espírita Internacional, a proposta da Union Spirite Française et Francophone (USFF), para a publicação em conjunto da Revista.

A Revista Espírita após Allan Kardec

- Armand T. Desliens – 1869/70
- P-G. Leymarie – 1870/1901
- Marina Leymarie – 1901/1904
- Paul Leymarie – 1904/1923
- Jean Meyer – 1923/1931
- Hubert Forestier – 1931/1971
- André Dumas – 1971/1976
- Roger Perez – 1989 ....

Na atualidade La Revue Spirite continua sendo editada.

Em 9 de outubro de 1861, em Barcelona, Espanha, o bispo Antonio Palau Termens determinou que os livros de Allan Kardec fossem queimados em praça pública, por serem ofensivos e contrários à fé católica.

Pierre-Gaëtan Leymarie
Pioneiro espírita, continuador da Revue Spirite e editor de Obras póstumas.

CAPÍTULO 1

Atividades

1. Complete as frases:

a) No Palais Royal em Paris, França, foi o local de lançamento de ....

b) Em Barcelona no dia 9 de outubro trezentos livros espíritas foram queimados, acontecimento ....
....denominado de Barcelona.

c) A desencarnação de .... aconteceu em 31 de março, na Passage Ste–Anne, 59.

d) Os cinco livros básicos de Allan Kardec também são conhecidos como "...".

e) A .... serviu como laboratório experimental para Allan Kardec.

---

2. Relacione:

a) Heinrich Pestalozzi   ..... Continuador da *Revue Spirite*.
b) Henri Sausse   ...... O educador da humanidade.
c) Denizard Rivail   ..... Biógrafo de Allan Kardec.
d) Henri Dentu   ..... Aluno de Pestalozzi.
e) P.-G. Leymarie   ..... Livreiro que publicou obras espíritas.

---

3. Responda:

a) Quem determinou que os livros de Allan Kardec fossem queimados em praça pública?
....

b) Quem homenageou os 100 anos de cada obra básica?
....

c) Qual é o objetivo essencial do Espiritismo?
....

d) Quantos são os livros básicos espíritas?
....

e) Qual é o maior tratado de paranormalidade já escrito?
....

4. Verdadeiro ou Falso:

a) ..... *O Céu e o Inferno* contém os princípios da Doutrina.

b) ..... *O livro dos Espíritos* é um estudo a respeito de como foi criado o mundo.

c) ..... *A Gênese* apresenta importantes registros deixados por Allan Kardec.

d) ..... *Obras póstumas* põe fim às penas eternas.

e) ..... Allan Kardec criou o neologismo Espiritismo.

A solução das atividades está na página 143.

Mensagem

Tendo como objetivo a melhoria dos homens, o Espiritismo não vem recrutar os que são perfeitos, mas os que se esforçam em o ser, pondo em prática o ensino dos Espíritos. O verdadeiro espírita não é o que alcançou a meta, mas o que deseja seriamente atingi-la. Sejam quais forem os seus antecedentes, será bom espírita desde que reconheça suas imperfeições e seja sincero e perseverante no propósito de emendar-se. Para ele o Espiritismo é uma verdadeira regeneração, porque rompe com o passado; indulgente para com os outros, como gostaria que fossem para consigo, de sua boca não sairá nenhuma palavra malevolente nem ofensiva contra quem quer que seja. Aquele que, numa reunião, se afastasse das conveniências, não só provaria falta de civilidade e de urbanidade, mas falta de caridade; aquele que se melindrasse com a contradição e pretendesse impor a sua pessoa ou as suas ideias, daria prova de orgulho. Ora, nem um nem outro estariam no caminho do verdadeiro Espiritismo Cristão. Aquele que pensa ter uma opinião mais justa fará que os outros a aceitem melhor pela persuasão e pela doçura; o azedume, de sua parte, seria um péssimo negócio.

Allan Kardec

Revista Espírita – dezembro de 1861

CAPÍTULO 2

O livro dos Espíritos

CAPÍTULO 2

O Livro dos Espíritos

Introdução	
Prolegômenos	
Livro Primeiro	*Causas primeiras*
Livro Segundo	*Mundo espiritual ou dos Espíritos*
Livro Terceiro	*Leis morais*
Livro Quarto	*Esperanças e consolações*

D os cinco livros fundamentais que compõem a Codificação do Espiritismo, este foi o primeiro a ser recebido, diretamente dos Espíritos superiores.

Os princípios contidos resultam, quer das respostas dadas pelos Espíritos às questões diretas que lhes foram propostas em diversas ocasiões e por meio de grande número de médiuns, quer das instruções que deram espontaneamente a Allan Kardec sobre as matérias que encerra. O material foi organizado de maneira a apresentar um conjunto regular e metódico, e não foi entregue à publicidade senão depois de ter sido revisto cuidadosamente, várias vezes seguidas, e corrigido pelos próprios Espíritos.

Ele é o marco inicial de uma Doutrina que trouxe uma profunda repercussão no pensamento e na visão de vida de considerável parcela da humanidade, desde 1857, data da primeira edição francesa (501 perguntas).

Estruturado em quatro partes e contendo 1.019 perguntas (na segunda edição em 1860) formuladas pelo codificador, aborda os ensinamentos espíritas, de uma forma lógica e racional, sob os aspectos científico, filosófico e religioso.

A cepa é o emblema do trabalho do Criador. Aí se acham reunidos todos os princípios materiais que melhor podem representar o corpo e o espírito. O corpo é a cepa; o espírito é a seiva; a alma ou espírito ligado à matéria é o bago.

Nome completo: *O livro dos Espíritos*.

Complemento: Contendo os princípios da Doutrina Espírita.
Sobre a imortalidade da alma, a natureza dos Espíritos e suas relações com os homens, as leis morais, a vida presente, a vida futura e o porvir da humanidade — segundo o ensinamento dado pelos Espíritos superiores com o auxílio de diversos médiuns.

Data: 18 de abril de 1857.
Lugar: Paris, França.
Autor: Allan Kardec.

Introdução e Prolegômenos

Prolegômenos *é um termo literário derivado de um particípio grego que significa as coisas que são ditas antes. Tem sido usado como introdução (ou prefácio) a um estudo mais particular de qualquer ciência.*

Na Introdução de *O livro dos espíritos* encontra-se o resumo da Doutrina Espírita.

Existência de Deus

Deus é eterno, imutável, imaterial, único, onipotente, soberanamente justo e bom.

Imortalidade da alma

A alma é um Espírito encarnado, sendo o corpo apenas o seu envoltório.

Há no homem três coisas:

1 – O corpo ou ser material análogo aos animais e animado pelo mesmo princípio vital;
2 – A alma ou ser imaterial, Espírito encarnado no corpo;
3 – O laço que une a alma ao corpo, princípio intermediário entre a matéria e o Espírito.

Reencarnação

Tendo o Espírito que passar por muitas encarnações, conclui-se que todos nós tivemos muitas existências e que teremos ainda outras, mais ou menos aperfeiçoadas.

Pluralidade dos mundos habitados

Os Espíritos encarnados habitam os diferentes globos do universo.

Comunicabilidade dos Espíritos

As comunicações ostensivas se dão por meio da escrita, da palavra ou de outras manifestações materiais, na maioria das vezes pelos médiuns que lhes servem de instrumento.

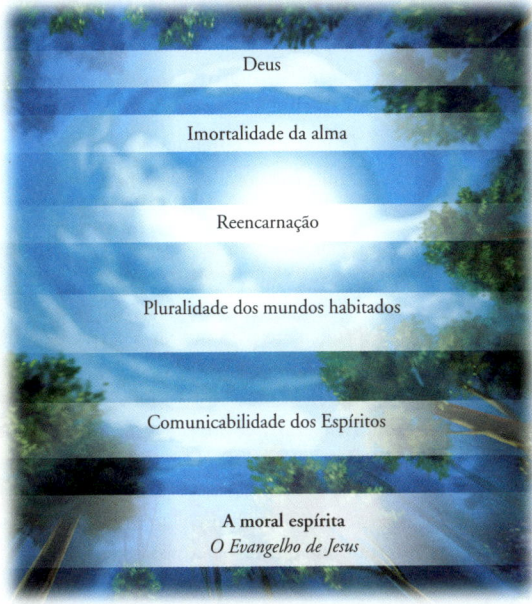

Deus

Imortalidade da alma

Reencarnação

Pluralidade dos mundos habitados

Comunicabilidade dos Espíritos

A moral espírita
O Evangelho de Jesus

Moral Espírita

A moral dos Espíritos superiores se resume, como a do Cristo, nesta máxima evangélica: fazer aos outros o que quereríamos que os outros nos fizessem, isto é, fazer o bem e não o mal. O homem encontra neste princípio a regra universal de conduta, mesmo para as suas menores ações.

O Materialismo

É o oposto do Espiritualismo. Não acredita ter em si alguma coisa além da matéria.

O Espiritualismo

É o oposto do materialismo. Quem quer que acredite ter em si alguma coisa além da matéria é espiritualista; mas não se segue daí que creia na existência dos Espíritos ou em suas comunicações com o mundo visível.

O Espiritismo

Tem por princípio as relações do mundo material com os Espíritos ou seres do mundo invisível. Os adeptos do Espiritismo serão os espíritas ou, se quiserem, os espiritistas. A Doutrina Espírita prende-se à doutrina espiritualista, da qual apresenta uma das fases.

CAPÍTULO 2

Parte I
Causas primeiras

Deus

1. Que é Deus?

"Deus é a inteligência suprema, causa primeira de todas as coisas."

2. Que se deve entender por infinito?

"O que não tem começo nem fim; o desconhecido. Tudo o que é desconhecido é infinito."

3. Poder-se-ia dizer que Deus é o infinito?

"Definição incompleta. Pobreza da linguagem dos homens, insuficiente para definir o que está acima da sua inteligência."

Deus é infinito em suas perfeições, mas o infinito é uma abstração. Dizer que Deus é o infinito é tomar o atributo de uma coisa pela própria coisa; é definir uma coisa que não é conhecida por outra que também não o é.

4. Onde se pode encontrar a prova da existência de Deus?

"Num axioma que aplicais às vossas ciências: não há efeito sem causa. Procurai a causa de tudo o que não é obra do homem e a vossa razão vos responderá."

I – Deus
II – Elementos gerais do universo
III – Criação
IV – Princípio vital

Atributos de Deus

- Eterno
- Imutável
- Imaterial
- Único
- Onipotente
- Soberanamente justo e bom

Deus deve possuir em grau supremo essas perfeições, porquanto, se uma lhe faltasse, ou não fosse infinita, já ele não seria superior a tudo, não seria, por conseguinte, Deus.

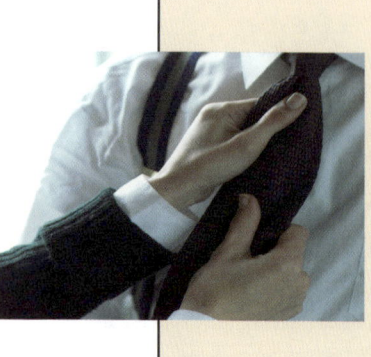

Panteísmo

Deus seria a resultante de todas as forças e de todas as inteligências do universo reunidas. Se fosse assim, Deus não existiria, porque seria efeito e não causa.

Esta doutrina faz de Deus um ser material que, embora dotado de suprema inteligência, seria em escala maior o que somos em menor escala. Ora, transformando-se incessantemente a matéria, Deus, nesse caso, não teria nenhuma estabilidade e estaria sujeito a todas as vicissitudes. A inteligência de Deus se revela em suas obras como a de um pintor no seu quadro; mas as obras de Deus não são o próprio Deus, como o quadro não é o pintor que o concebeu e executou.

CLASSES DE SERES ORGÂNICOS

O princípio vital

O princípio da vida material e orgânica é o princípio comum a todos os seres vivos, desde as plantas até o homem.

O princípio vital reside nalgum agente particular e é uma propriedade da matéria organizada. A vida é um efeito produzido pela ação de um agente sobre a matéria. Esse agente, sem a matéria, não é vida, do mesmo modo que a matéria não pode viver sem esse agente. Ele dá a vida a todos os seres que o absorvem e assimilam.

1º **Os seres inanimados**, constituídos só de matéria, sem vitalidade nem inteligência: são os corpos brutos.

2º **Os seres animados que não pensam**, formados de matéria e dotados de vitalidade, porém, destituídos de inteligência.

O universo abrange a infinidade dos mundos que vemos e dos que não vemos, todos os seres animados e inanimados, todos os astros que se movem no espaço, assim como os fluidos que o enchem.

3º **Os seres animados pensantes**, formados de matéria, dotados de vitalidade e tendo mais um princípio inteligente que lhes outorga a faculdade de pensar.

Há dois elementos gerais do universo:
1 – *A matéria*
2 – *O Espírito.*
Acima de tudo Deus, o Criador, o Pai de todas as coisas.
Esses elementos constituem o princípio de tudo o que existe, a trindade universal.
Mas, ao elemento material é preciso juntar o fluido universal, que desempenha o papel de intermediário entre o espírito e a matéria propriamente dita, muito grosseira para que o espírito possa exercer alguma ação sobre ela.

CAPÍTULO 2

Parte II
Mundo espiritual ou dos Espíritos

I – Espíritos
II – Encarnação dos Espíritos
III – Retorno da vida corporal à vida espiritual
IV – Pluralidade das existências
V – Considerações sobre a pluralidade das existências
VI – Vida espiritual
VII – Retorno à vida corporal
VIII – Emancipação da alma
IX – Intervenção dos Espíritos no mundo corporal
X – Ocupações e missões dos Espíritos
XI – Os três reinos

Os Espíritos são os seres inteligentes da Criação e povoam o universo. Constituem um mundo à parte, o mundo dos Espíritos, o qual preexiste e sobrevive a tudo.

São as almas dos que viveram na Terra ou nas outras esferas. Eles não são seres abstratos, vagos e indefinidos; são, ao contrário, seres muito reais, com sua individualidade e uma forma determinada. São seres semelhantes a nós, ou seja, são a nossa realidade após a morte do corpo físico. Os Espíritos estão por toda parte no espaço e ao nosso lado, vendo-nos e acotovelando-nos de contínuo. Atuam sobre a matéria e sobre o pensamento e constituem uma das potências da natureza e instrumentos de que se vale Deus para realizar sua providência.

Cada Espírito é uma unidade indivisível e por difícil que possa parecer, a existência dos Espíritos não tem fim. Eles passam através de tudo. O ar, a terra, as águas e até mesmo o fogo lhes são igualmente acessíveis.

120. Todos os Espíritos passam pela fieira do mal para chegar ao bem?

"Não pela fieira do mal, mas pela da ignorância."

128. Os seres que chamamos anjos, arcanjos, serafins, formam uma categoria especial, de natureza diferente da dos outros Espíritos?

"Não; são os Espíritos puros: os que se acham no mais alto grau da escala e reúnem todas as perfeições."

NOTA: A palavra Espírito é empregada aqui para designar as individualidades dos seres extracorpóreos e não mais o elemento inteligente do universo.

134. Que é a alma?
"Um Espírito encarnado."

a) Que era a alma antes de se unir ao corpo?
"Espírito."

b) As almas e os Espíritos são, portanto, idênticos, a mesma coisa?
"Sim, as almas não são senão os Espíritos. Antes de se unir ao corpo, a alma é um dos seres inteligentes que povoam o mundo invisível, os quais temporariamente revestem um invólucro carnal para se purificarem e esclarecerem."

A escala espírita

Os Espíritos são de diferentes ordens, conforme o grau de perfeição que tenham alcançado.

Pode dizer-se que existem três ordens segundo sua perfeição:

1 – Espíritos puros, nenhuma influência da matéria. Superioridade intelectual e moral absoluta, com relação aos Espíritos das outras ordens.

2 – Espíritos bons, predominância do Espírito sobre a matéria; desejo do bem. Suas qualidades e poderes para o bem estão em relação com o grau de adiantamento que hajam alcançado.

3 – Espíritos imperfeitos, predominância da matéria sobre o espírito. Propensão para o mal. Ignorância, orgulho, egoísmo e todas as paixões que lhes são consequentes.

Ordem	Classe	Característica
1	1ª **Espíritos puros**	*Ministros de Deus*
2	**Espíritos bons**	
	2ª *Espíritos superiores*	*Ciência + sabedoria + bondade*
	3ª *Espíritos de sabedoria*	*Conhecimento + bom juízo*
	4ª *Espíritos de Ciência*	*Conhecimento científico*
	5ª *Espíritos benévolos*	*Bondade + conhecimento limitado*
3	**Espíritos imperfeitos**	
	6ª *Espíritos batedores e perturbadores*	*Atitude para efeitos materiais*
	7ª *Espíritos neutros*	*Nem bons nem maus*
	8ª *Espíritos pseudossábios*	*Conhecimento + orgulho*
	9ª *Espíritos levianos*	*Ignorância + malícia*
	10ª *Espíritos impuros*	*Inclinação ao mal*

A classificação dos Espíritos se baseia no grau de adiantamento deles. Esta classificação, aliás, nada tem de absoluta. Apenas no seu conjunto cada categoria apresenta caráter definido. De um grau a outro a transição é insensível.

Durante o sono, a alma não repousa como o corpo, o Espírito jamais está inativo. Durante o sono, afrouxam-se os laços que o prendem ao corpo e, não precisando este então da sua presença, ele se lança pelo espaço e entra em relação mais direta com os outros Espíritos.

Os três elementos do ser humano.

O homem é formado de três partes essenciais:
1º – a alma, Espírito encarnado que tem no corpo a sua habitação;
2º – perispírito, substância semimaterial que serve de primeiro envoltório ao Espírito e liga a alma ao corpo.
O perispírito está constituído do fluido universal de cada globo. Quanto mais evoluído o Espírito, mais sutil é seu perispírito, dando impressão de não existir nos Espíritos puros; enquanto nos mais atrasados, o seu envoltório é mais grosseiro.
3º – o corpo ou ser material, análogo ao dos animais e animado pelo mesmo princípio vital.

CAPÍTULO 2

Pluralidade das existências

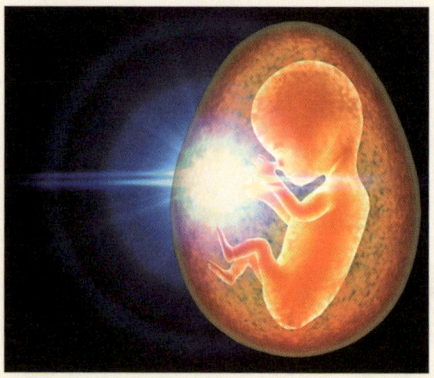

A reencarnação quer dizer o renascimento do Espírito no plano físico. Utiliza-se o termo com relação à pluralidade das existências.

166. Como pode a alma, que não alcançou a perfeição durante a vida corporal, acabar de depurar-se?

"Sofrendo a prova de uma nova existência."

166–b. A alma passa então por muitas existências corporais?

"Sim, todos nós temos muitas existências corporais. Os que dizem o contrário querem manter-vos na ignorância em que eles próprios se encontram; esse é o desejo deles."

Todos os Espíritos (criados simples e ignorantes) tendem para a perfeição, e Deus lhes faculta os meios de alcançá-la, proporcionando-lhes as provações da vida corporal. Sua justiça, porém, lhes concede realizar, em novas existências, o que não puderam fazer ou concluir numa primeira prova.

A cada nova existência, o Espírito dá um passo na senda do progresso e quando limpo de todas as impurezas, não tem mais necessidade da vida corporal. O número das encarnações para todos os Espíritos é ilimitado, tantas vezes sejam necessárias, sendo menor naquele que progride mais depressa.

A vida do Espírito apresenta as mesmas fases que observamos na vida corporal. Ele passa gradualmente do estado de embrião ao de infância, para chegar, percorrendo sucessivos períodos, ao de adulto, que é o da perfeição, o seu progresso se realiza, não num único mundo, mas vivendo ele em mundos diversos.

167. Qual a finalidade da reencarnação?
"Expiação, melhoramento progressivo da humanidade. Sem isso, onde estaria a justiça?"

"Tudo se encadeia na natureza, desde o átomo primitivo até o arcanjo, que também começou pelo átomo."

Parte III
Leis morais

	Lei divina ou natural
I –	Lei de adoração
II –	Lei do trabalho
III –	Lei de reprodução
IV –	Lei de conservação
V –	Lei de destruição
VI –	Lei de sociedade
VII –	Lei do progresso
VIII –	Lei de igualdade
IX –	Lei de liberdade
X –	Lei de justiça, amor e caridade

A moral é a regra de bem proceder, isto é, de distinguir o bem do mal. Funda-se na observância da Lei de Deus.

- Lei divina ou natural
  1. Lei de adoração
  2. Lei do trabalho
  3. Lei de reprodução
  4. Lei de conservação
  5. Lei de destruição
  6. Lei de sociedade
  7. Lei do progresso
  8. Lei de igualdade
  9. Lei de liberdade
  10. Lei de justiça, de amor e de caridade

625. Qual o tipo mais perfeito que Deus já ofereceu ao homem para lhe servir de guia e modelo?
"Jesus."

A lei natural é a Lei de Deus. É a única verdadeira para a felicidade do homem. Indica-lhe o que deve fazer ou deixar de fazer e ele só é infeliz quando dela se afasta. A lei natural é eterna e imutável como o próprio Deus. Todos podem conhecê-la, mas nem todos a compreendem. Os homens de bem e os que se decidem a investigá-la são os que melhor a compreendem. Todos, entretanto, a compreenderão um dia, porquanto forçoso é que o progresso se efetue.

CAPÍTULO 2

1 – LEI DE ADORAÇÃO
Consiste na elevação do pensamento a Deus. Pela adoração, aproxima o homem sua alma de Deus. Origina-se de um sentimento inato como o da existência de Deus. A adoração verdadeira é do coração. Em todas as vossas ações, lembrai-vos sempre de que o Senhor tem sobre vós o seu olhar.

2 – LEI DO TRABALHO
O trabalho é lei da natureza, por isso mesmo que constitui uma necessidade, e a civilização obriga o homem a trabalhar mais, porque lhe aumenta as necessidades e os gozos. Tudo na natureza trabalha. A natureza do trabalho está em relação com a natureza das necessidades.

3 – LEI DE REPRODUÇÃO
Sem a reprodução o mundo corporal pereceria. Indo sempre a população na progressão crescente que vemos, nunca chegará tempo em que seja excessiva na Terra. Ele coisa alguma inútil faz. O casamento é um progresso na marcha da humanidade, sua abolição seria uma regressão à vida dos animais.

4 – LEI DE CONSERVAÇÃO
Todos os seres vivos possuem instinto de conservação, qualquer que seja o grau de sua inteligência. Nuns é puramente maquinal, raciocinado em outros. Todos os seres vivos têm que concorrer para cumprimento dos desígnios da Providência. Por isso foi que Deus lhes deu a necessidade de viver. Acresce que a vida é necessária ao aperfeiçoamento dos seres.

5 – LEI DE DESTRUIÇÃO
Preciso é que tudo se destrua para renascer e se regenerar. Porque, o que chamais destruição não passa de uma transformação, que tem por fim a renovação e melhoria dos seres vivos. O homem é impelido a guerra pela predominância da natureza animal sobre a natureza espiritual e transbordamento das paixões.

6 – LEI DE SOCIEDADE
Deus fez o homem para viver em sociedade. Não lhe deu inutilmente a palavra e todas as outras faculdades necessárias à vida de relação. Homem nenhum possui faculdades completas. Mediante a união social é que elas umas às outras se completam, para lhe assegurarem o bem-estar e o progresso.

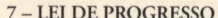

7 – LEI DE PROGRESSO
O estado de natureza e a lei natural não são idênticas, o estado de natureza é o estado primitivo. A civilização é incompatível com o estado de natureza, ao passo que a lei natural contribui para o progresso da humanidade. O progresso completo constitui o objetivo de todos os povos. Enquanto não se lhes haja desenvolvido o senso moral, pode mesmo acontecer que se sirvam da inteligência para a prática do mal. O moral e a inteligência são duas forças que com o tempo chegam a equilibrar-se.

8 – LEI DE IGUALDADE
Todos os homens são iguais perante Deus, todos tendem para o mesmo fim e Deus fez suas leis para todos. Deus criou iguais todos os Espíritos, mas cada um destes vive há mais ou menos tempo, e, consequentemente, têm feito maior ou menor soma de aquisições. A diferença entre eles está na diversidade dos graus da experiência alcançada e da vontade com que obram, vontade que é o livre-arbítrio.

9 – LEI DE LIBERDADE
Não haverá no mundo posições em que o homem possa jactar-se de gozar de absoluta liberdade, porque todos precisam uns dos outros, assim os pequenos como os grandes. O homem tem o livre-arbítrio de seus atos, pois que tem a liberdade de pensar, tem igualmente a de obrar. Sem o livre-arbítrio, o homem seria máquina. A fatalidade existe unicamente pela escolha que o Espírito fez, ao encarnar, desta ou daquela prova para sofrer.

10 – LEI DE JUSTIÇA, DE AMOR E DE CARIDADE
O sentimento de justiça está de tal modo na natureza, que vos revoltais à simples ideia de uma injustiça. É fora de dúvida que o progresso moral desenvolve esse sentimento, mas não o dá. Deus o pôs no coração do homem. Daí vem que, frequentemente, em homens simples e incultos se vos deparam noções mais exatas da justiça do que nos que possuem grande cabedal de saber.

Parte IV
Esperanças e consolações

I –	Penas e gozos terrenos
II –	Penas e gozos futuros

O homem será feliz na Terra, quando a humanidade estiver transformada.

O homem é quase sempre o obreiro da sua própria infelicidade. Praticando a lei de Deus, a muitos males se forrará e proporcionará a si mesmo felicidade tão grande quanto o comporte a sua existência grosseira.

Já nesta vida somos punidos pelas infrações, que cometemos, das leis que regem a existência corpórea, sofrendo os males consequentes dessas mesmas infrações e dos nossos próprios excessos. Se remontarmos à origem do que chamamos as nossas desgraças terrenas, veremos que elas são a consequência de um primeiro afastamento nosso do caminho reto. Desviando-nos deste, enveredamos por outro, mau, e, de consequência em consequência, caímos na desgraça.

959. Donde nasce, para o homem, o sentimento instintivo da vida futura?
Já temos dito: antes de encarnar, o Espírito conhecia todas essas coisas e a alma conserva vaga lembrança do que sabe e do que viu no estado espiritual.

Conclusão

I – Quem, do Espiritismo, apenas conhece o movimento das mesas, dificilmente poderia compreender que isso possa ter ligação com as mais graves questões da ordem social; que dali possa surgir uma ciência que solucione os problemas que nenhuma filosofia pudera ainda resolver.

II – O Espiritismo é o mais terrível antagonista do materialismo. Não é, pois, de admirar que tenha por adversários os materialistas.

III – Duas doutrinas se defrontam: uma, que nega o futuro; outra, que lhe proclama e prova a existência. O materialismo somente mostra o presente e aniquila toda esperança; o Espiritismo consola e desvenda o vasto campo do futuro. Qual a mais preciosa?

IV – O progresso da humanidade tem seu princípio na aplicação da lei de justiça, de amor e de caridade, lei que se funda na certeza do futuro. Tirai-lhe essa certeza e lhe tirareis a pedra fundamental.

V – Se o Espiritismo se implanta por toda parte, se nas classes cultas, recruta adeptos, como todos facilmente reconhecerão, é que tem um fundo de verdade.

VI – A força do Espiritismo está na sua filosofia, no apelo que dirige à razão, ao bom senso. O Espiritismo não é obra de um homem. Ninguém pode inculcar-se como seu criador, pois tão antigo é ele quanto a criação.

VII – O Espiritismo se apresenta sob três aspectos diferentes: o das manifestações, o dos princípios e da filosofia que delas decorrem. Daí, três classes de adeptos:

1º os que creem nas manifestações e se limitam a comprová-las;

2º os que lhe percebem as consequências morais;

3º os que praticam ou se esforçam por praticar essa moral.

VIII – O Espiritismo traz a moral de Jesus e mostrar-nos a sua utilidade prática.

IX – Os homens se têm estraçalhado e anatematizado mutuamente em nome de um Deus de paz e misericórdia. O Espiritismo é o laço que um dia os unirá, porque lhes mostrará onde está a verdade, onde está o erro.

CAPÍTULO 2

Atividades

O LIVRO DOS ESPÍRITOS

1. Complete as frases:

a) A moral dos .... se resume, como a do Cristo.

b) A .... é o emblema do trabalho do Criador.

c) Tudo se encadeia na natureza, desde o .... primitivo até o ....

d) A destruição não passa de uma ...., que tem por fim a renovação e melhoria dos seres vivos.

e) Deus fez o homem para viver em ....

2. Relacione:

a) O Panteísmo   ..... É o oposto do Materialismo.
b) O Espiritismo   ..... É o oposto do Espiritualismo.
c) O Espiritualismo   ..... Introdução ou prefácio.
d) O Materialismo   ..... Deus seria a resultante de todas as forças.
e) Prolegômenos   ..... Seus adeptos são os espíritas.

3. Responda:

a) Quais são os dois elementos gerais do universo?
....

b) Em que se baseia a classificação dos Espíritos?
....

c) Que é a alma?
....

d) Qual o tipo mais perfeito que Deus já ofereceu ao homem para lhe servir de guia e modelo?
....

e) Quando será o homem feliz na Terra?
....

4. Verdadeiro ou Falso:

a) ...... Deus é a inteligência suprema.

b) ...... Durante o sono, a alma repousa como o corpo.

c) ...... Os Espíritos passam pela fieira do mal para chegar ao bem.

d) ...... O trabalho é lei da natureza.

e) .... Todos os homens são iguais perante Deus.

A solução das atividades está na página 143.

Mensagem

625. Qual o tipo mais perfeito que Deus ofereceu ao homem para lhe servir de guia e modelo?

"Jesus."

Para o homem, Jesus representa o tipo da perfeição moral a que a humanidade pode aspirar na Terra. Deus no-lo oferece como o mais perfeito modelo, e a doutrina que ensinou é a mais pura expressão de sua lei, porque, sendo Jesus o ser mais puro que já apareceu na Terra, o Espírito divino o animava.

Se alguns dos que pretenderam instruir o homem na lei de Deus, algumas vezes o desencaminharam, ensinando-lhe falsos princípios, foi porque se deixaram dominar por sentimentos demasiado terrenos e porque confundiram as leis que regulam as condições da vida da alma, com as que regem a vida do corpo. Muitos deles apresentaram como leis divinas o que eram simples leis humanas, criadas para servir às paixões e para dominar os homens.

Revista Espírita – dezembro de 1861

CAPÍTULO 3

O livro dos Médiuns

CAPÍTULO 3

O Livro dos Médiuns

Parte I
Noções preliminares

Introdução

Primeira Parte Noções preliminares

Segunda Parte Manifestações espíritas

I – Há Espíritos?
II – O maravilhoso e o sobrenatural
III – Método
IV – Sistemas

Há Espíritos?

A dúvida, no que concerne à existência dos Espíritos, tem como causa primária a ignorância acerca da verdadeira natureza deles. Geralmente, são figurados como seres à parte na criação e de cuja existência não está demonstrada a necessidade.

Desde que se admite a existência da alma e sua individualidade após a morte, forçoso é também se admita:

1 – que a sua natureza difere da do corpo;

2 – que goza da consciência de si mesma, pois que é passível de alegria, ou de sofrimento, sem o que seria um ser inerte, caso em que possuí-la de nada nos valeria.

Admitido isso, tem-se que admitir que essa alma vai para alguma parte.

O Espiritismo demonstra que as almas que povoam o espaço são os *Espíritos*. Assim, pois, os Espíritos não são senão as almas dos homens, despojadas do invólucro corpóreo.

A existência da alma e a de Deus, consequência uma da outra, constituindo a base de todo o edifício, antes de travarmos qualquer discussão espírita, importa indaguemos se o nosso interlocutor admite essa base.

A existência da alma

A existência de Deus

Base de todo o edifício

Se a estas questões:

1 – Credes em Deus?

2 – Credes que tendes uma alma?

3 – Credes na sobrevivência da alma após a morte?

Responder negativamente, ou, em dúvida, equivale a uma negação. Admitida que seja a base, não como simples probabilidade, mas como coisa averiguada, incontestável, dela muito naturalmente decorrerá a existência dos Espíritos.

Nome completo: *O livro dos Médiuns* ou guia dos médiuns e dos evocadores.

Complemento: Ensino especial dos Espíritos sobre a teoria de todos os gêneros de manifestações, os meios de comunicação com o mundo invisível, o desenvolvimento da mediunidade, as dificuldades e os escolhos que se podem encontrar na prática do Espiritismo constituindo o seguimento de *O livro dos espíritos*.

Data: 15 de janeiro de 1861.
Lugar: Paris, França.
Autor: Allan Kardec.

O sobrenatural

1º Todos os fenômenos espíritas têm por princípio a existência da alma, sua sobrevivência ao corpo e suas manifestações.

2º Fundando-se numa lei da natureza, esses fenômenos nada têm de maravilhosos, nem de sobrenaturais.

3º Muitos fatos são tidos por sobrenaturais, porque lhes falta a explicação.

4º Entre os fatos qualificados de sobrenaturais, muitos há cuja impossibilidade o Espiritismo demonstra.

5º O Espiritismo não comparte com todas as histórias fantásticas que a imaginação há criado.

6º Julgar o Espiritismo pelos fatos que ele não admite é dar prova de ignorância.

7º As consequências morais do Espiritismo, formam toda uma ciência e toda uma filosofia, que reclamam estudo sério, perseverante e aprofundado.

8º O Espiritismo não pode considerar crítico sério, senão aquele que tudo tenha visto, estudado e aprofundado com a paciência e a perseverança de um observador consciencioso. Tal crítico ainda está por aparecer.

O livro dos médiuns é um guia, tanto para os médiuns, como para os evocadores, e o complemento de O livro dos espíritos.

O método de estudo do Espiritismo é como de toda uma ciência, toda uma filosofia. Quem, pois, seriamente queira conhecê-lo deve, como primeira condição, dispor-se a um estudo sério e persuadir-se de que ele não pode, como nenhuma outra ciência, ser aprendido a brincar.

O Espiritismo não aceita todos os fatos considerados maravilhosos, ou sobrenaturais. Longe disso, demonstra a impossibilidade de grande número deles e o ridículo de certas crenças, que constituem a superstição propriamente dita. Os fatos que o Espiritismo produz nos revelam leis novas e nos dão a explicação de um mundo de coisas que pareciam sobrenaturais.

Tipos de espíritas

1º Espíritas experimentadores

Os que creem pura e simplesmente nas manifestações.

Para eles, o Espiritismo é apenas uma ciência de observação, uma série de fatos mais ou menos curiosos.

2º Espíritas imperfeitos

Os que no Espiritismo veem mais do que fatos; compreendem-lhe a parte filosófica; admiram a moral daí decorrente, mas não a praticam. Insignificante ou nula é a influência que lhes exerce nos caracteres. Em nada alteram seus hábitos e não se privariam de um só gozo que fosse. Consideram a caridade cristã apenas uma bela máxima.

3º Verdadeiros espíritas ou Espíritas cristãos

Os que não se contentam com admirar a moral espírita, que a praticam e lhe aceitam todas as consequências.

Convencidos de que a existência terrena é uma prova passageira, tratam de aproveitar os seus breves instantes para avançar pela senda do progresso, única que os pode elevar na hierarquia do mundo dos Espíritos, esforçando-se por fazer o bem e coibir seus maus pendores.

As relações com eles sempre oferecem segurança, porque a convicção que nutrem os preserva de pensar em praticar o mal. A caridade é, em tudo, a regra de proceder a que obedecem.

4º Espíritas Exaltados

Esta espécie de adeptos é mais nociva do que útil à causa do Espiritismo. Infunde confiança cega e frequentemente pueril, no tocante ao mundo invisível, e leva a aceitar-se, sem verificação, aquilo cujo absurdo o exame demonstraria.

CAPÍTULO 3

Sistemas

Quando os estranhos fenômenos do Espiritismo começaram a produzir-se, ou, dizendo melhor, quando esses fenômenos voltaram a repetir-se nestes últimos tempos, o primeiro sentimento que despertaram foi o da dúvida sobre a sua realidade e, mais ainda, sobre a causa que lhes dava origem. A partir do momento em que foram comprovados por testemunhos irrecusáveis e pelas experiências que todos puderam fazer, cada um passou a interpretá-los a seu modo, de acordo com suas ideias pessoais, suas crenças, ou suas prevenções. Daí o aparecimento de numerosos sistemas, que uma observação mais atenta viria reduzir ao seu justo valor.

Seguindo metódica ordem, convém sejam colocados na primeira linha dos sistemas os que se podem classificar como *sistemas de negação*, isto é, os dos adversários do Espiritismo.

De duas espécies são os fenômenos espíritas: efeitos físicos e efeitos inteligentes. Não admitindo a existência dos Espíritos, por não admitirem coisa alguma fora da matéria, concebe-se que neguem os efeitos inteligentes. Quanto aos efeitos físicos, eles os comentam do ponto de vista em que se colocam e seus argumentos se podem resumir em quatro sistemas:

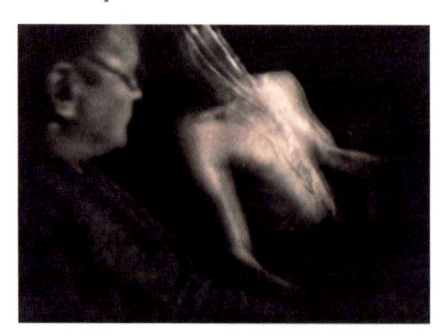

Os Quatro Sistemas

Sistema de Negação Absoluta	**1 – Sistema do charlatanismo** Muitos atribuem aqueles efeitos ao embuste, pela razão de que alguns puderam ser imitados. **2 – Sistema da loucura** Alguns, pretendem que os que não iludem são iludidos, o que equivale a qualificá-los de imbecis. **3 – Sistema da alucinação** Consiste em levar os fenômenos à conta de ilusão dos sentidos. Assim, o observador estaria de muito boa-fé; apenas, julgaria ver o que não vê. **4 – Sistema do músculo estalante** A causa reside nas contrações voluntárias, ou involuntárias, do tendão do músculo curto-perônio.
Sistema de Causas Físicas	**5 – Sistema das causas físicas** Atribuir os movimentos ao magnetismo, à eletricidade, ou à ação de um fluido qualquer; numa palavra, a uma causa inteiramente física. **6 – Sistema do reflexo** Pode ser a do médium, ou a dos assistentes, a se refletirem, como a luz ou os raios sonoros. **7 – Sistema da alma coletiva** Apenas a alma do médium se manifesta, porém, identificada com a de muitos outros vivos, presentes ou ausentes. **8 – Sistema sonambúlico** Todas as comunicações inteligentes provêm da alma ou Espírito do médium.
Sistema de Causas Espirituais	**9 – Sistema pessimista ou demoníaco** Só o diabo, ou os demônios, podem comunicar-se. **10 – Sistema otimista** Tão somente os bons Espíritos podem comunicar-se. **11 – Sistema unispírita, ou monoespírita** Um único Espírito se comunica com os homens, sendo esse Espírito *o Cristo*, que é o protetor da Terra.
Sistema Multiespírita	**12 – Sistema multiespírita** São produzidos pelos Espíritos.

Sistema multiespírita ou poliespírita

Quem deseje estudar o Espiritismo deve observar muito e durante muito tempo. Só o tempo lhe permitirá apreender os pormenores, notar os matizes delicados, observar uma imensidade de fatos característicos, que lhe serão outros tantos raios de luz.

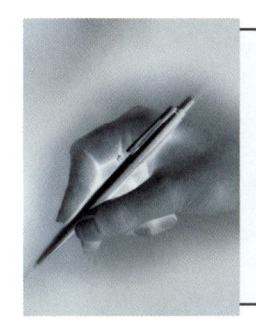

Todos os sistemas a que temos passado revista, sem excetuar os que se orientam no sentido de negar, fundam-se em algumas observações, porém, incompletas ou mal interpretadas.

Consequências de uma observação mais completa

1º Os fenômenos espíritas são produzidos pelos Espíritos.

2º Os Espíritos constituem o mundo invisível; estão em toda parte.

3º Os Espíritos reagem sobre o mundo físico e sobre o mundo moral e são uma das potências da natureza;

4º Os Espíritos são as almas dos que hão vivido na Terra, ou em outros mundos. As almas dos homens são Espíritos encarnados e nós, morrendo, nos tornamos Espíritos.

5º Há Espíritos de todos os graus de bondade e de malícia, de saber e de ignorância.

6º Todos estão submetidos à lei do progresso e podem todos chegar à perfeição; pelo livre-arbítrio, lá chegam em tempo mais ou menos longo, conforme seus esforços e vontade.

7º São felizes ou infelizes, de acordo com o bem ou o mal que praticaram durante a vida e com o grau de adiantamento que alcançaram.

8º Todos os Espíritos podem manifestar-se aos homens.

9º Os Espíritos se comunicam por médiuns, que lhes servem de instrumentos e intérpretes;

10º Reconhecem-se a superioridade ou a inferioridade dos Espíritos pela linguagem de que usam; os bons só aconselham o bem e só dizem coisas proveitosas; os maus enganam e todas as suas palavras trazem o cunho da imperfeição e da ignorância.

O que uns chamam *perispírito* não é senão o que outros chamam envoltório material fluídico. Esse fluido é a perfectibilidade dos sentidos, a extensão da vista e das ideias. Falo aqui dos Espíritos elevados. Quanto aos Espíritos inferiores, os fluidos terrestres ainda lhes são de todo inerentes; logo, são, como vedes, matéria. Daí os sofrimentos da fome, do frio, etc., sofrimentos que os Espíritos superiores não podem experimentar, visto que os fluidos terrestres se acham depurados em torno do pensamento, isto é, da alma. O perispírito, para nós outros Espíritos errantes, é o agente por meio do qual nos comunicamos convosco, quer indiretamente, pelo vosso corpo ou pelo vosso perispírito, quer diretamente, pela vossa alma; donde, infinitas modalidades de médiuns e de comunicações.

CAPÍTULO 3

Parte II
Manifestações espíritas

Ação dos Espíritos sobre a matéria

Para que o fenômeno se produza, é indispensável a intervenção de uma ou muitas pessoas dotadas de aptidão especial, que se designam pelo nome de *médiuns*.

Não há nenhum sinal pelo qual se reconheça a existência da faculdade mediúnica; só a experiência pode revelá-la.

A única prescrição de rigor obrigatório é o recolhimento, absoluto silêncio e, sobretudo, a paciência, caso o efeito demore. Pode acontecer que ele se produza em alguns minutos, como pode tardar meia hora ou uma hora. Isso depende da força mediúnica dos coparticipantes.

As manifestações mediúnicas podem ser divididas em duas categorias:

1 – **Manifestações físicas**
As que se traduzem por efeitos sensíveis, tais como ruídos, movimentos e deslocação de corpos sólidos.

2 – **Manifestações inteligentes**
Basta que prove ser um ato livre e voluntário, exprimindo uma intenção, ou respondendo a um pensamento.

I –	Ação dos Espíritos sobre a matéria
II –	Manifestações físicas — mesas girantes
III –	Manifestações inteligentes
IV –	Teoria das manifestações físicas
V –	Manifestações físicas espontâneas
VI –	Manifestações visuais
VII –	Bicorporeidade e transfiguração
VIII –	Laboratório do mundo invisível
IX –	Lugares assombrados
X –	Natureza das comunicações...
XI –	Sematologia e da tiptologia
XII –	Pneumatografia ou escrita direta. Pneumatofonia
XIII –	Psicografia
XIV –	Médiuns
XV –	Médiuns escreventes ou psicógrafos
XVI –	Médiuns especiais
XVII –	Formação dos médiuns
XVIII –	Inconvenientes e perigos da mediunidade
XIX –	O papel dos médiuns nas comunicações espíritas
XX –	Influência moral do médium
XXI –	Influência do meio
XXII –	Mediunidade nos Animais
XXIII –	Obsessão
XXIV –	Identidade dos espíritos
XXV –	Evocações
XXVI –	Perguntas que se podem fazer aos espíritos
XXVII –	Contradições e mistificações
XXVIII –	Charlatanismo e embuste
XXIX –	Reuniões e sociedades espíritas
XXX –	Regulamento da sociedade Parisiense de Estudos Espíritas
XXXI –	Dissertações espíritas
XXXII –	Vocabulário espírita

Se, pelo meio indicado, o Espírito pode suspender uma mesa, também pode suspender qualquer outra coisa.

Todos os homens são médiuns, todos têm um Espírito que os dirige para o bem, quando sabem escutá-lo. Agora, que uns se comuniquem diretamente com ele, valendo-se de uma mediunidade especial, que outros não o escutem senão com o coração e com a inteligência, pouco importa: não deixa de ser um Espírito familiar quem os aconselha. Chamai-lhe espírito, razão, inteligência, é sempre uma voz que responde à vossa alma e vos dita boas palavras. Apenas, nem sempre as compreendeis.

Escutai essa voz interior, esse bom gênio que vos fala sem cessar, e chegareis progressivamente a ouvir o vosso anjo da guarda, que do alto dos céus vos estende as mãos. Repito: a voz íntima que fala ao coração é a dos Espíritos bons e é deste ponto de vista que todos os homens são médiuns.

Médiuns

Médiuns de efeitos físicos
Batedores,
Tiptólogos,
Motores,
Translações e de suspensões,
Efeitos musicais,
Aparições,
Transporte,
Noturnos,
Pneumatógrafos,
Curadores,
Excitadores.

Médiuns de efeitos intelectuais
Audientes,
Falantes,
Videntes,
Inspirados,
Pressentimentos,
Proféticos,
Sonâmbulos,
Extáticos,
Pintores ou desenhistas,
Músicos.

Instrumentais

Vidicom, spiricom, aparelhos de transcomunicação por telefone, fax, rádio, tv, computador, etc.

Variedades de médiuns

Segundo o modo de execução
Escreventes ou psicógrafos,
Escreventes mecânicos, semimecânicos,
Intuitivos, Polígrafos,
Poliglotas, Iletrados.

Segundo o desenvolvimento da faculdade
Novato, Improdutivos, Feitos ou formados, Lacônicos, Explícitos, Experimentados, Maleáveis, Exclusivos, Para evocação, Para ditados espontâneos.

Segundo o Gênero e a Particularidade das Comunicações
Versejadores, Poéticos, Positivos, Literários, Incorretos, Historiadores, Científicos, Receitistas, Religiosos, Filósofos e moralistas, e de comunicações triviais e obscenas.

Segundo as qualidades físicas do médium
Médiuns calmos, velozes, convulsivos.

Segundo as qualidades morais dos médiuns
Obsidiados, Fascinados, Subjugados, Levianos, Indiferentes, Presunçosos, Orgulhosos, Suscetíveis, Mercenários, Ambiciosos, De má-fé, Egoístas e Invejosos.

Bons médiuns
Sérios, Modestos, Devotados e Seguros.

M édium é toda pessoa que sente, num grau qualquer, a influência dos Espíritos. Essa faculdade é inerente ao homem e, por conseguinte, não constitui um privilégio exclusivo. Por isso mesmo, raras são as pessoas que não possuam alguns rudimentos dessa faculdade. Pode-se, pois, dizer que todos são mais ou menos médiuns. Usualmente, porém, essa qualificação só se aplica àqueles em quem a faculdade se mostra bem caracterizada e se traduz por efeitos patentes, de certa intensidade, o que depende de uma organização mais ou menos sensitiva.

Geralmente, os médiuns têm uma aptidão especial para os fenômenos desta ou daquela ordem, as principais são: médiuns de efeitos físicos; sensitivos ou impressionáveis; audientes; médiuns falantes; videntes; sonambúlicos; curadores; pneumatógrafos; escreventes ou psicógrafos.

As manifestações espontâneas e a persistência de alguns Espíritos em darem mostras ostensivas de sua presença em certas localidades, constituem a origem da crença na existência de lugares mal-assombrados.

O bom médium

A mediunidade não implica necessariamente relações habituais com os Espíritos superiores. É apenas uma aptidão para servir de instrumento mais ou menos dúctil aos Espíritos, em geral. O bom médium, pois, não é aquele que comunica facilmente, mas aquele que é simpático aos bons Espíritos e somente deles tem assistência. Unicamente neste sentido é que a excelência das qualidades morais se torna onipotente sobre a mediunidade.

CAPÍTULO 3

1 – Audientes

Estes ouvem a voz dos Espíritos. Algumas vezes uma voz interior, que se faz ouvir no foro íntimo; de outras vezes, é uma voz exterior, clara e distinta, qual a de uma pessoa viva. Podem conversar com os Espíritos.

2 – Falantes ou psicofônicos

O Espírito atua sobre os órgãos da palavra. Geralmente se exprime sem ter consciência do que diz e muitas vezes diz coisas completamente estranhas às suas ideias habituais, aos seus conhecimentos e fora do alcance de sua inteligência.

3 – Videntes

São dotados da faculdade de ver os Espíritos. Alguns gozam dessa faculdade em estado normal, quando perfeitamente acordados, e conservam lembrança precisa do que viram. Outros só a possuem em estado sonambúlico, ou próximo do sonambulismo.

4 – Sonambúlicos

Age sob a influência do seu próprio Espírito; é sua alma que, nos momentos de emancipação, vê, ouve e percebe, fora dos limites dos sentidos.

O que ele externa tira-o de si mesmo; numa palavra, ele vive antecipadamente a vida dos Espíritos.

5 – Escreventes ou Psicógrafos

Os que têm a faculdade de escrever por si mesmos sob a influência dos Espíritos. Para esta mediunidade devem tender todos os esforços, porquanto permite que se estabeleçam, com os Espíritos, relações tão continuadas e regulares. É por ele que os Espíritos revelam melhor sua natureza e o grau do seu aperfeiçoamento, ou da sua inferioridade. Eles nos revelam seus mais íntimos pensamentos e nos facultam julgá-los. A faculdade de escrever é, além disso, a mais suscetível de desenvolver-se pelo exercício.

De todos os meios de comunicação, a escrita manual é o mais simples, mais cômodo e, sobretudo, mais completo. É para ele que devem tender todos os esforços, por permitir que se estabeleçam com os Espíritos relações tão continuadas e regulares.

Os psicógrafos se dividem em três classes:

a) Mecânicos, não têm a menor consciência do que escrevem. Quando atua diretamente sobre a mão, o Espírito lhe dá uma impulsão de todo independente da vontade deste último. Ela se move sem interrupção. Pode, pois, o Espírito exprimir diretamente suas ideias, quer movimentando um objeto, quer a própria mão.

b) Semimecânicos, sentem que à sua mão uma impulsão é dada, mau grado seu, mas, ao mesmo tempo, tem consciência do que escreve, à medida que as palavras se formam. Nos mecânicos o pensamento vem depois do ato da escrita; nos intuitivos, precede-o; no semimecânicos, acompanha-os. São os mais numerosos.

c) Intuitivos, têm consciência do que escrevem. Agem como o faria um intérprete; para transmitir o pensamento, precisam compreendê-lo, apropriar-se dele, para traduzi-lo fielmente.

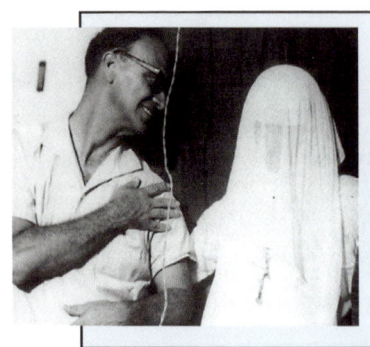

Médiuns de efeitos físicos, os que têm o poder de provocar efeitos materiais, ou manifestações ostensivas.

Médiuns curadores: os que têm o poder de curar ou de aliviar o doente, só pela imposição das mãos, ou pela prece.

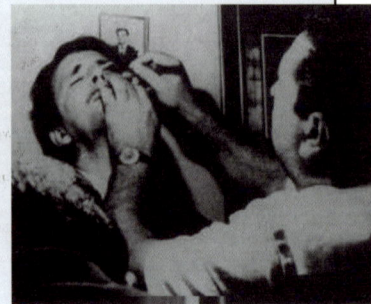

As evocações

Os Espíritos podem comunicar-se espontaneamente, ou acudir ao nosso chamado, isto é, vir por evocação. Todos os Espíritos, qualquer que seja o grau em que se encontrem na escala espiritual, podem ser evocados. A experiência, prova que a evocação é sempre agradável aos Espíritos, quando feita com fim sério e útil. Os bons vêm prazerosamente instruir-nos; os que sofrem encontram alívio na simpatia que se lhes demonstra; os que conhecemos ficam satisfeitos com o se saberem lembrados, os levianos gostam de ser evocados pelas pessoas frívolas, porque isso lhes proporciona ensejo de se divertirem à custa delas; sentem-se pouco à vontade com pessoas graves.

Identidade dos Espíritos

Em muitos casos, a identidade absoluta não passa de questão secundária e sem importância real.

À medida que os Espíritos se purificam e se elevam na hierarquia, os caracteres distintivos de suas personalidades se apagam, de certo modo, na uniformidade da perfeição. O caso muda de figura, quando um Espírito de ordem inferior se adorna com um nome respeitável.

Regra invariável

A linguagem dos Espíritos está sempre em relação com o grau de elevação a que já tenham chegado.

Meios de reconhecer a qualidade dos Espíritos:

1º O bom senso.
2º Linguagem de que usam e pelas suas ações.
3º Sondar-lhes o íntimo, analisar-lhes as palavras, pesá-las friamente, maduramente e sem prevenção.
4º Desconfiar dos nomes singulares e ridículos.
5º Desconfiar dos que se apresentam, dando nomes extremamente venerados, e não lhes aceitar o que digam, senão com muita reserva.
6º Julgar os Espíritos, como para julgar os homens, é preciso, primeiro, que cada um saiba julgar-se a si mesmo.

Espíritos bons:

1º Somente às sessões sérias acorrem.
2º Jamais se vangloriam, nem se jactam de seu saber.
3º A linguagem é sempre idêntica, senão quanto à forma, pelo menos quanto ao fundo.
4º Só dizem o que sabem.
5º Fazem que as coisas futuras sejam pressentidas.
6º Exprimem-se com simplicidade, sem prolixidade. Têm a arte de dizer muitas coisas em poucas palavras.
7º Nunca ordenam; se não são escutados, retiram-se.
8º Não lisonjeiam.
9º Desprezam as puerilidades da forma.
10º Só prescrevem o bem, conforme estritamente com a pura caridade evangélica.
11º. Só aconselham o que seja perfeitamente racional.

Espíritos maus:

1º Tendem para o mal.
2º Sempre refletem algo das paixões humanas.
3º A linguagem denota baixeza, pretensão, arrogância e fanfarronice.
4º Falam de tudo com desassombro, sem se preocuparem com a verdade.
5º Predizem o futuro.
6º Usam de uma linguagem pretensiosa, ridícula.
7º São imperiosos; dão ordens, querem ser obedecidos e não se afastam, haja o que houver.
8º Prodigalizam exagerados elogios, estimulam o orgulho e a vaidade.
9º Ligam importância a particularidades mesquinhas, incompatíveis com ideias verdadeiramente elevadas.
10º Afastam-se da linha reta do "bom senso" e das leis imutáveis da natureza.
11º. Excitam a desconfiança e a animosidade contra os que lhes são antipáticos.

CAPÍTULO 3

A obsessão

Entre as dificuldades que a prática do Espiritismo pode apresentar, devemos colocar em primeira linha a *obsessão*, isto é, o domínio que alguns Espíritos exercem sobre certas pessoas. É praticada unicamente pelos Espíritos inferiores, que procuram dominar, pois os bons Espíritos não impõem nenhum constrangimento. Aconselham, combatem a influência dos maus e, se não são ouvidos, retiram-se. Os maus, ao contrário, agarram-se àqueles a quem podem aprisionar. Se chegam a dominar alguém, identificam-se com o Espírito deste e o conduzem como se fora verdadeira criança.

A obsessão apresenta características diversas, que é preciso distinguir e que resultam do grau do constrangimento e da natureza dos efeitos que produz. A palavra *obsessão* é, de certo modo, um termo genérico, pelo qual se designa esta espécie de fenômeno, cujas principais variedades são: a *obsessão simples*, a *fascinação* e a *subjugação*.

O melhor médium se acha exposto a isso, principalmente no começo, quando ainda lhe falta a experiência necessária. A obsessão consiste na tenacidade de um Espírito, do qual a pessoa sobre quem ele atua não consegue desembaraçar-se.

OS MÉDIUNS PODEM SOFRER OBSESSÃO EM TRÊS NÍVEIS.

Obsessão Simples	A pessoa tem consciência de que não obtém nada bom, não fazendo caso da influência do Espírito; este, cansado de não ser ouvido, se retira.
Fascinação	O Espírito que o domina, apodera-se da sua confiança até paralisar seu próprio juízo e fazer-lhe achar sublimes as comunicações mais absurdas. O obsidiado não tem consciência do que acontece.
Subjugação	Chega-se a sofrer uma dominação tamanha, que o Espírito pode levá-lo às mais ridículas e comprometedoras determinações. Às vezes há um domínio corporal.

Qualquer que seja o caráter de uma reunião, haverá sempre Espíritos dispostos a secundar as tendências dos que a componham. Assim, pois, afasta-se do seu objetivo toda reunião séria em que o ensino é substituído pelo divertimento.

As reuniões espíritas

Oferecem grandíssimas vantagens, por permitirem que os que nelas tomam parte se esclareçam, mediante a permuta das ideias, pelas questões e observações que se façam, das quais todos aproveitam. Elas apresentam caracteres muito diferentes, segundo o gênero a que pertençam, podem ser:

1 – **Frívolas:** compõem-se de pessoas que só veem o lado divertido das manifestações, que se divertem com as facécias dos Espíritos leviano.
2 – **Experimentais:** têm por objeto a produção das manifestações físicas. Para muitas pessoas, são um espetáculo mais curioso que instrutivo.
3 – **Instrutivas:** devem ser sérias, na integral acepção da palavra. Servem para aqueles que seriamente desejam aperfeiçoar-se e que a elas não comparecem dominados por tola presunção de infalibilidade.

Vocabulário Espírita

Agênere – (Do grego — *a*, privativo, e — *géiné, géinomai*, gerar; que não foi gerado.) – Modalidade da aparição tangível; estado de certos Espíritos, quando temporariamente revestem as formas de uma pessoa viva, ao ponto de produzirem ilusão completa.

Batedor – Qualidade de alguns Espíritos, daqueles que revelam sua presença num lugar por meio de pancadas e ruídos de naturezas diversas.

Erraticidade – Estado dos Espíritos errantes, ou erráticos, isto é, não encarnados, durante o intervalo de suas existências corpóreas.

Espírita – O que tem relação com o Espiritismo; adepto do Espiritismo.

Espiritismo – Doutrina fundada sobre a crença na existência dos Espíritos e em suas manifestações.

Espírito – Princípio inteligente do universo.

Espiritualismo – Usa-se em sentido oposto ao de materialismo; crença na existência da alma espiritual e imaterial. O espiritualismo é a base de todas as religiões.

Espiritualista – É *espiritualista* aquele que acredita que em nós nem tudo é matéria.

Espíritos – Seres inteligentes da criação, que povoam o universo, fora do mundo material, e constituem o mundo invisível.

Mediunidade – Faculdade dos médiuns.

Médium – Pessoa que pode servir de intermediária entre os Espíritos e os homens.

Perispírito – Envoltório semimaterial do Espírito. Nos encarnados, serve de intermediário entre o Espírito e a matéria; nos Espíritos errantes, constitui o corpo fluídico do Espírito.

Psicofonia – Comunicação dos Espíritos pela voz de um médium falante.

Psicografia – Escrita dos Espíritos pela mão de um médium.

Reencarnação – Volta do Espírito à vida corpórea, pluralidade das existências.

Sematologia – Linguagem dos sinais. Comunicação dos Espíritos pelo movimento dos corpos inertes.

Tiptologia – Linguagem por pancadas, ou batimentos: modo de comunicação dos Espíritos.

Espíritos

A influência do meio é consequência da natureza dos Espíritos e do modo por que atuam sobre os seres vivos. Dessa influência pode cada um deduzir as condições mais favoráveis para uma sociedade que aspira a granjear a simpatia dos bons Espíritos e a só obter boas comunicações, afastando as más.

Todo médium que sinceramente não queira tornar-se instrumento da mentira deve, portanto, procurar trabalhar nas reuniões sérias, levar a elas o que obtenha em particular e aceitar agradecido, mesmo solicitar, o exame crítico das comunicações que receba.

As sociedades espíritas

Uma sociedade onde os seus componentes se reunissem com o propósito de se instruírem pelos ensinos dos Espíritos e não na expectativa de presenciarem coisas mais ou menos interessantes, ou para fazer cada um que a sua opinião prevaleça, seria não só viável, mas também indissolúvel. Esses grupos, correspondendo-se entre si, visitando-se, permutando observações, podem, desde já, formar o núcleo da grande família espírita, que um dia consorciará todas as opiniões e unirá os homens por um único sentimento: o da fraternidade, trazendo o cunho da caridade cristã.

CAPÍTULO 3

Atividades

1. Complete as frases:

a) O Espiritismo demonstra que as almas que povoam o espaço são os ....

b) Os Espíritas .... creem pura e simplesmente nas manifestações.

c) A .... é o domínio que alguns Espíritos exercem sobre certas pessoas.

d) O .... é toda pessoa que sente, num grau qualquer, a influência dos Espíritos.

e) Os Espíritos .... só dizem o que sabem.

2. Relacione:

a) Sistema do músculo estalante
b) Sistema uniespírita
c) Sistema otimista
d) Sistema multiespírita
e) Sistema alma coletiva

..... São produzidos pelos Espíritos.
..... A causa reside nas contrações voluntárias.
..... A alma do médium se manifesta.
..... Um único Espírito se comunica.
..... Somente a dos bons Espíritos.

3. Responda:

a) À medida que os Espíritos se purificam, o que acontece com os caracteres distintivos de suas personalidades?
....

b) Qual é o mais simples meio de comunicação?
....

c) Quais são as duas espécies de fenômenos espíritas?
....

d) Como é chamado o verdadeiro espírita?
....

e) Quais são as três classes de médiuns psicógrafos?
....

4. Verdadeiro ou Falso:

a) ..... O Espiritismo não comparte com todas as histórias fantásticas que a imaginação há criado.

b) ..... O Espiritismo não aceita todos os fatos considerados maravilhosos.

c) ..... O agênere é uma modalidade da aparição tangível.

d) ..... Todos os Espíritos podem ser evocados.

e) ..... Os Espíritos constituem o mundo invisível.

A solução das atividades está na página 143.

Mensagem

O silêncio e o recolhimento são condições essenciais para todas as comunicações sérias. Jamais preenchereis essas condições, se aqueles que comparecerem às vossas reuniões só forem atraídos a elas pela curiosidade. Convidai, pois, os curiosos a procurar outros lugares, visto que a distração deles constituiria uma causa de perturbação.

Não deveis tolerar nenhuma conversa, enquanto os Espíritos estão sendo questionados. Recebeis, às vezes, comunicações que exigem de vós uma réplica séria e respostas não menos sérias da parte dos Espíritos evocados, os quais se sentem incomodados com os cochichos contínuos de certos assistentes. Daí, nada obtereis de completo, nem de verdadeiramente sério. O médium que escreve também experimenta distrações muito prejudiciais ao seu trabalho.

São Luís

O livro dos espíritos
Allan Kardec

CAPÍTULO 3

O Evangelho segundo o Espiritismo

CAPÍTULO 4

O Evangelho segundo o
Espiritismo

Os Espíritos do Senhor, que são as virtudes dos céus, qual imenso exército que se movimenta ao receber as ordens do seu comando, espalham-se por toda a superfície da Terra e, semelhantes a estrelas cadentes, vêm iluminar os caminhos e abrir os olhos aos cegos.

Eu vos digo, em verdade, que são chegados os tempos em que todas as coisas devem ser restabelecidas no seu verdadeiro sentido, para dissipar as trevas, confundir os orgulhosos e glorificar os justos.

As grandes vozes do Céu ressoam como sons de trombetas, e o cântico dos anjos se lhes associam. Homens, nós vos convidamos ao divino concerto. Tomai da lira; que vossas vozes se unam e que, num hino sagrado, elas se estendam e vibrem de um extremo a outro do universo.

Homens, irmãos a quem amamos, estamos juntos de vós. Amai-vos, também, uns aos outros e dizei do fundo do coração, fazendo as vontades do Pai, que está no céu: Senhor! Senhor! e podereis entrar no reino dos céus.[1]

O Espírito de Verdade

- I – Não vim destruir a lei
- II – Meu reino não é deste mundo
- III – Há muitas moradas na casa de meu Pai
- IV – Ninguém poderá ver o reino de Deus se não nascer de novo
- V – Bem-aventurados os aflitos
- VI – O Cristo consolador
- VII – Bem-aventurados os pobres de Espírito
- VIII – Bem-aventurados os que têm puro o coração
- IX – Bem-aventurados os que são mansos e pacíficos
- X – Bem-aventurados os que são misericordiosos
- XI – Amar o próximo como a si mesmo
- XII – Amai os vossos inimigos
- XIII – Não saiba a vossa mão esquerda o que dá a vossa mão direita
- XIV – Honrai a vosso pai e a vossa mãe
- XV – Fora da caridade não há salvação
- XVI – Não se pode servir a Deus e a Mamon
- XVII – Sede perfeitos
- XVIII – Muitos os chamados, poucos os escolhidos
- XIX – A fé transporta montanhas
- XX – Os trabalhadores da última hora
- XXI – Hávera falsos cristos e falsos profetas
- XXII – Não separeis o que Deus uniu
- XXIII – Estranha moral
- XXIV – Não ponhais a candeia debaixo do alqueire
- XXV – Buscai e achareis
- XXVI – Dai de graça o que de graça recebestes
- XXVII – Pedi e obtereis
- XXVIII – Coletânea de preces espíritas

---

1 **Nota do autor:** A instrução, transmitida por via mediúnica, resume ao mesmo tempo o verdadeiro caráter do Espiritismo e o objetivo desta obra; por isso foi colocada como prefácio por Allan Kardec.

Nome completo: *O Evangelho segundo o Espiritismo.*

Complemento: A explicação das máximas morais do Cristo sua concordância com o Espiritismo e sua aplicação às diversas posições da vida.

Data: 2 de abril de 1864.

Lugar: Paris, França.

Autor: Allan Kardec.

As matérias contidas nos Evangelhos podem ser divididas em cinco partes:

PARTES DO EVANGELHO

1 – Os atos comuns da vida do Cristo

2 – Os milagres

3 – As predições

4 – As palavras que serviram de base para o estabelecimento dos dogmas da Igreja

5 – E o ensino moral

As quatro primeiras partes têm sido objeto de controvérsias.

A última permaneceu inatacável.

Introdução

Diante do *ensino moral* do Evangelho, a própria incredulidade se curva. Esse código divino é o terreno onde todos os cultos podem reunir-se, a bandeira sob a qual todos podem abrigar-se, quaisquer que sejam suas crenças, porque jamais constituiu matéria das disputas religiosas, sempre e por toda parte suscitadas pelas questões dogmáticas.

Para os homens, em particular, aquele código é uma regra de conduta que abrange todas as circunstâncias da vida pública e privada, o princípio de todas as relações sociais que se fundam na mais rigorosa justiça. É, finalmente e acima de tudo, o roteiro infalível para a felicidade vindoura, o levantamento de uma ponta do véu que nos ocultava a vida futura.

As instruções dos Espíritos são verdadeiramente *as vozes do céu* que vêm esclarecer os homens e convidá-los *à prática do Evangelho*.

A única garantia séria do ensino dos Espíritos está na concordância que exista entre as revelações que eles façam espontaneamente, por meio de grande número de médiuns estranhos uns aos outros, e em diversos lugares.

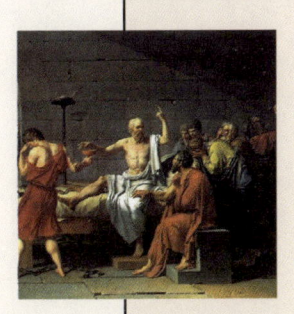

Sócrates e Platão
Sócrates, assim como o Cristo, não deixou nenhum escrito. Como Ele, teve a morte dos criminosos, vítima do fanatismo, por ter combatido os preconceitos religiosos. Sócrates também foi acusado de corromper a juventude, por proclamar o dogma da unidade de Deus, da imortalidade da alma e da vida futura. E assim como só conhecemos a doutrina de Jesus pelos escritos de seus discípulos, só conhecemos a de Sócrates pelos escritos de seu discípulo Platão. Os pontos de maior relevo da sua doutrina mantêm concordância com os princípios do Cristianismo. Essas citações provam que, se Sócrates e Platão pressentiram a ideia cristã, também se encontram em sua doutrina os princípios fundamentais do Espiritismo.

CAPÍTULO 4

As três revelações

Moisés

Há duas partes distintas na lei mosaica: a lei de Deus, promulgada no Monte Sinai, e a lei civil ou disciplinar, estabelecida por Moisés. Uma é invariável; a outra, apropriada aos costumes e ao caráter do povo, se modifica com o tempo. Essa lei é de todos os tempos e tem caráter divino.

O Cristo

Jesus não veio destruir a lei, isto é, a lei de Deus; veio cumpri-la, ou seja, desenvolvê-la, dar-lhe o verdadeiro sentido e adaptá-la ao grau de adiantamento dos homens. Ele as reduziu a esta única prescrição: "Amar a Deus acima de todas as coisas e ao próximo como a si mesmo", e acrescentando: *aí estão toda a lei e os profetas*.

O Espiritismo

É a ciência nova que vem revelar aos homens, por meio de provas irrecusáveis, a existência e a natureza do mundo espiritual e as suas relações com o mundo corpóreo. Ele no-lo mostra como uma das forças vivas e sem cessar atuantes da natureza.

A lei do Antigo Testamento está personificada em Moisés; a do Novo Testamento está personificada no Cristo. O Espiritismo é a Terceira Revelação da Lei de Deus, mas não tem a personificá-la nenhuma individualidade, porque é fruto do ensino dado, não por um homem, mas pelos Espíritos, que são *as vozes do céu*, em todos os pontos da Terra.

1ª Revelação
Moisés

2ª Revelação
Jesus

3ª Revelação
Os Espíritos

O Espiritismo é a chave com o auxílio da qual tudo se explica com facilidade.

O Consolador Prometido

O Espiritismo realiza o que Jesus disse do Consolador Prometido: conhecimento das coisas, fazendo que o homem saiba donde vem, para onde vai e por que está na Terra; atrai para os verdadeiros princípios da lei de Deus e consola pela fé e esperança.

O Espiritismo vem no tempo previsto cumprir a promessa do Cristo: preside ao seu advento o Espírito de Verdade.

O Espiritismo vem abrir os olhos e os ouvidos, porque fala sem figuras e sem alegorias. Vem, finalmente, trazer a suprema consolação aos deserdados da Terra e a todos os que sofrem, atribuindo causa justa e fim útil a todas as dores.

Dez mandamentos

I – Não adorareis outros Deuses e nem lhes prestareis culto soberano.
II – Não pronunciareis em vão o nome do Senhor.
III – Lembrai-vos de santificar o dia do sábado.
IV – Honrai a vosso pai e a vossa mãe.
V – Não matareis.
VI – Não cometereis adultério.
VII – Não roubareis.
VIII – Não prestareis falso testemunho.
IX – Não desejareis a mulher do vosso próximo.
X – Não cobiçareis qualquer das coisas do vosso próximo.

As bem-aventuranças

1 - Bem-aventurados os pobres de espírito, porque deles é o reino dos céus.
2 - Bem-aventurados os que choram, porque eles serão consolados.
3 - Bem-aventurados os mansos, porque eles herdarão a terra.
4 - Bem-aventurados os que têm fome e sede de justiça porque eles serão fartos.
5 - Bem-aventurados os misericordiosos, porque eles alcançarão misericórdia.
6 - Bem-aventurados os limpos de coração, porque eles verão a Deus.
7 - Bem-aventurados os pacificadores, porque eles serão chamados filhos de Deus.
8 - Bem-aventurados os que são perseguidos por causa da justiça, porque deles é reino dos Céus.
9 - Bem-aventurados sois vós, quando vos injuriarem e perseguiram e, mentindo, disserem todo mal contra vós por minha causa.
10 - Alegrai-vos e exultai, porque é grande o vosso galardão nos Céus; porque assim perseguiram aos profetas que foram antes de vós.

A Nova Era

O Espiritismo vai marcar uma Nova Era para a humanidade. As consequências dessa revolução são faceis de prever; deve produzir inevitáveis modificações nas relações sociais, às quais ninguém terá força para se opor.

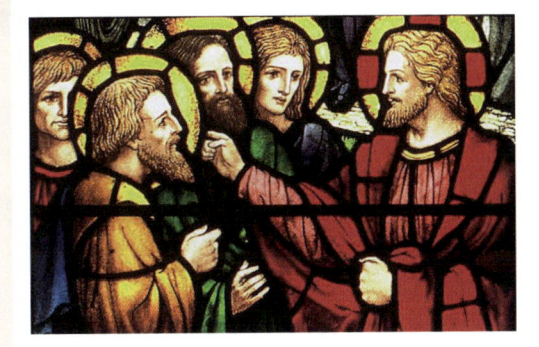

Aliança da Ciência e da Religião

A Ciência e a Religião são as duas alavancas da inteligência humana; uma revela as leis do mundo material e a outra as do mundo moral. *Ambas, porém, tendo o mesmo princípio, que é Deus,* não podem contradizer-se. A Ciência e a Religião não puderam entender-se até hoje. Era preciso alguma coisa para preencher o vazio que as separava. Esse traço de união está no conhecimento das leis que regem o mundo espiritual e suas relações com o mundo corpóreo. Uma vez constatadas pela experiência essas relações, fez-se uma nova luz: a fé dirigiu-se à razão, a razão nada encontrou de ilógico na fé, e o materialismo foi vencido.

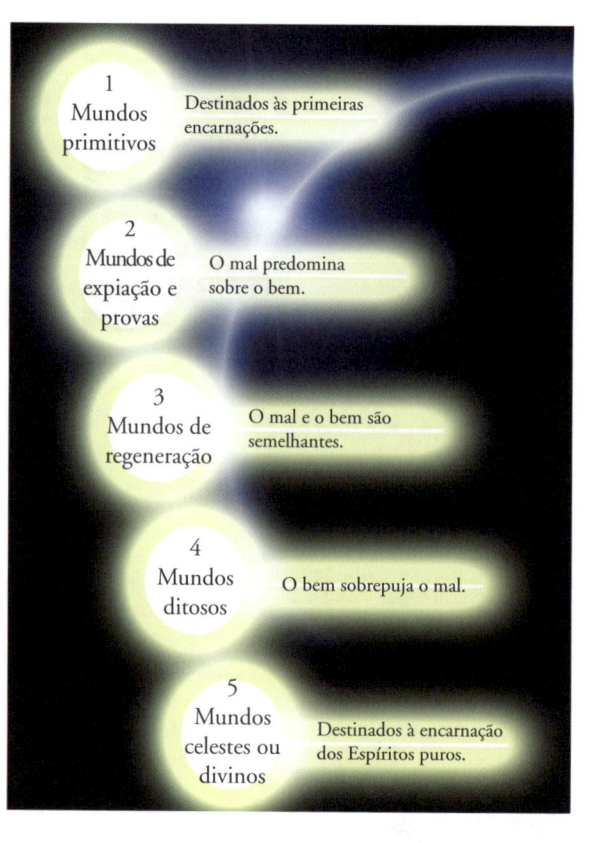

CAPÍTULO 4

III. Há muitas moradas na casa de meu Pai

A casa do Pai é o universo. As diferentes moradas são os mundos que circulam no espaço infinito e oferecem, aos Espíritos que neles encarnam, estações apropriadas ao seu adiantamento.

Essas palavras também podem ser entendidas como se referindo ao estado feliz ou infeliz do Espírito na erraticidade. Conforme se ache este mais ou menos depurado e desprendido dos laços materiais, o meio em que ele se encontre o aspecto das coisas e as sensações que experimente variarão ao infinito.

Embora não se possa fazer, dos diferentes mundos, uma classificação absoluta, pode-se dividi-los, de modo geral, como:

1 – **Mundos primitivos**, destinados às primeiras encarnações da alma humana;

2 – **Mundos de expiação e de provas**, onde predomina o mal;

3 – **Mundos de regeneração**, nos quais as almas que ainda têm que expiar haurem novas forças, repousando das fadigas da luta;

4 – **Mundos felizes**, onde o bem sobrepuja o mal;

5 – **Mundos celestes ou divinos**, morada dos Espíritos depurados, onde reina exclusivamente o bem.

1 Mundos primitivos	Destinados às primeiras encarnações.
2 Mundos de expiação e provas	O mal predomina sobre o bem.
3 Mundos de regeneração	O mal e o bem são semelhantes.
4 Mundos ditosos	O bem sobrepuja o mal.
5 Mundos celestes ou divinos	Destinados à encarnação dos Espíritos puros.

A Terra pertence à categoria dos mundos de expiação e de provas, razão porque aí o homem está exposto a tantas misérias.

Não se turbe o vosso coração, credes em Deus, crede também em mim. Há muitas moradas na casa de meu Pai. Se assim não fosse, eu já vo-lo teria dito, pois me vou para vos preparar o lugar. Depois que me tenha ido e que vos houver preparado o lugar, voltarei e vos levarei comigo, a fim de que, onde eu estiver, também vós aí estejais. (JOÃO, 14:1 a 3.)

Em João, 3:1 a 15 está escrito com detalhes, o diálogo que Jesus manteve com Nicodemos, membro do Sinédrio e mestre de Israel, explicando-lhe a necessidade de novas existências para entrar no reino de Deus.

Estas palavras: "Se um homem não renasce da água e do Espírito" foram interpretadas no sentido da regeneração pela água do batismo. Os conhecimentos dos Antigos consideravam a água como o elemento gerador absoluto. A água se tornara o símbolo da natureza material, como o Espírito era o símbolo da natureza inteligente. Estas palavras: "Se o homem não renasce da água e do Espírito", significam: "Se o homem não renasce com seu corpo e sua alma". É nesse sentido que foram compreendidas inicialmente.

IV – Ninguém poderá ver o reino de Deus se não nascer de novo

A reencarnação fazia parte dos dogmas dos judeus, sob o nome de *ressurreição*. Designavam pelo termo *ressurreição* o que o Espiritismo, mais judiciosamente, chama *reencarnação*.

A *reencarnação* é a volta da alma ou Espírito à vida corpórea, mas em outro corpo, novamente formado para ele e que nada tem de comum com o antigo. A reencarnação fazia parte dos dogmas dos judeus, sob o nome de *ressurreição*.

Sem o princípio da preexistência da alma e da pluralidade das existências, a maioria das máximas do Evangelho são ininteligíveis, razão pela qual deram origem a tantas interpretações contraditórias. Esse princípio é a chave que lhes restituirá o verdadeiro sentido.

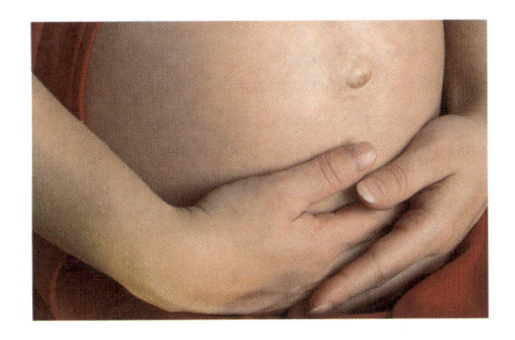

"O que é nascido da carne é carne e o que é nascido do Espírito é Espírito". Jesus estabelece aí uma distinção positiva entre o Espírito e o corpo. O que é nascido da carne é carne indica claramente que só o corpo procede do corpo e que o Espírito é independente do corpo.

Lembremos o episódio em que Jesus assevera que João Batista (esquerda) é a reencarnação de Elias (direita). Seus discípulos então o interrogaram desta forma: "Por que dizem os escribas ser preciso que antes volte Elias?" — Jesus lhes respondeu: "É verdade que Elias há de vir e restabelecer todas as coisas, mas, eu vos declaro que Elias já veio e eles não o conheceram e o trataram como lhes aprouve. Então, seus discípulos compreenderam que fora de João Batista que ele falara". (MATEUS, 17:10 a 13; MARCOS, 9:11 a 13) (53)

CAPÍTULO 4

V – Bem-aventurados os aflitos

As compensações que Jesus promete aos aflitos da Terra só podem efetivar-se na vida futura. Sem a certeza do futuro, estas máximas seriam um contrassenso; mais ainda: seriam um engodo. Se é soberanamente justo e bom, não pode agir por capricho, nem com parcialidade. As vicissitudes da vida têm, pois, uma causa e, visto que Deus é justo, essa causa há de ser justa.

Causas das vicissitudes da vida:
1 – Na vida presente
2 – Fora desta vida

VI – O Cristo Consolador

VII – Bem-aventurados os pobres de espírito

Por pobres de espírito Jesus não se refere aos homens desprovidos de inteligência, mas aos humildes, e diz que o reino dos Céus é para estes e não para os orgulhosos.

VIII – Bem-aventurados os que têm puro o coração

A pureza de coração é inseparável da simplicidade e da humildade. Exclui toda ideia de egoísmo e de orgulho. É por isso que Jesus toma a infância como emblema dessa pureza, do mesmo modo que a tomou como o da humildade.

IX – Bem-aventurados os que são mansos e pacíficos

Jesus faz da brandura, da moderação, da mansuetude, da afabilidade e da paciência, uma lei.

X – Bem-aventurados os que são misericordiosos

A misericórdia é o complemento da brandura, porque aquele que não for misericordioso não poderá ser brando, nem pacífico.

XI – Amar o próximo como a si mesmo

É a expressão mais completa da caridade, porque resume todos os deveres do homem para com o próximo.

XII – Amai os vossos inimigos

Se o amor do próximo constitui o princípio da caridade, amar os inimigos é a mais sublime aplicação desse princípio, porque a posse dessa virtude é uma das maiores vitórias alcançadas contra o egoísmo e o orgulho.

XIII – Não saiba a vossa mão esquerda o que dá a vossa mão direita

Há grande mérito em fazer o bem sem ostentação; ocultar a mão que dá é ainda mais meritório; constitui sinal incontestável de grande superioridade moral.

XIV – Honrai a vosso pai e a vossa mãe

É uma consequência da lei geral de caridade e de amor ao próximo, visto que não pode amar o seu próximo aquele que não ama a seu pai e a sua mãe; mas, o termo honrai encerra um dever a mais para com eles: o da piedade filial.

XXII – Não separeis o que Deus uniu

Quis Deus que os seres se unissem não só pelos laços da carne, mas também pelos da alma, a fim de que a afeição mútua dos esposos se transmitisse aos filhos, e que fossem dois, e não somente um, a amá-los, a cuidá-los e a fazê-los progredir. Quando Jesus falou: "Não separeis o que Deus uniu", essas palavras devem ser entendidas com referência à união segundo a lei imutável de Deus e não segundo a lei mutável dos homens. O divórcio é lei humana que tem por fim separar legalmente o que já está, de fato, separado. Não é contrário à lei de Deus, pois apenas reforma o que os homens fizeram.

Resumo da moral de Jesus
1 – Caridade
2 – Humildade
Virtudes contrárias ao egoísmo e ao orgulho

XV – Fora da caridade não há salvação

Enquanto a máxima se apoia num princípio universal e abre a todos os filhos de Deus acesso à suprema felicidade, o dogma — *Fora da Igreja não há salvação* — se baseia numa *fé especial, em dogmas particulares*. Jesus aponta a caridade e a humildade como sendo as que conduzem à eterna felicidade. Orgulho e egoísmo, eis o que não se cansa de combater. Jesus, porém, não se limita a recomendar a caridade: põe-na claramente e em termos explícitos como a condição absoluta da felicidade futura.

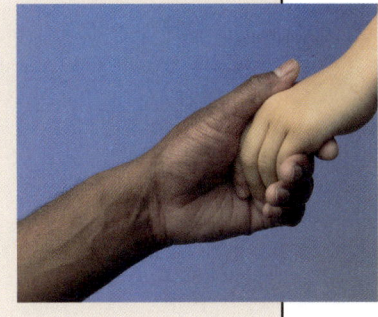

XVI – Não se pode servir a Deus e a Mamon

Jesus pretendeu estabelecer que o apego aos bens terrenos é um obstáculo à salvação.

XVIII – Muitos os chamados, poucos os escolhidos

Não basta dizer-se cristão. É preciso, antes de tudo e sob condição expressa, ter pureza de coração e praticar a lei segundo o espírito.

XIX – A fé transporta montanhas

As montanhas que a fé transporta são as dificuldades, as resistências, a má vontade. A fé robusta dá a perseverança, a energia e os recursos que fazem vencer os obstáculos, nas pequenas como nas grandes coisas.

XXI – Haverá falsos cristos e falsos profetas

Em todos os tempos houve homens que exploraram, em proveito de suas ambições, certos conhecimentos que possuíam, a fim de alcançarem o prestígio de um suposto poder sobre-humano, ou de uma pretensa missão divina.

XXIII – Estranha moral

Certas palavras, atribuídas ao Cristo, escritas depois de sua morte, levam a supor que, o fundo do seu pensamento não foi bem expresso, ou, o que não é menos provável, o sentido primitivo, ao passar de uma língua para outra, pode ter sofrido alguma alteração.

XXIV – Não ponhais a candeia debaixo do alqueire

Todo ensinamento deve ser proporcional à inteligência daquele a quem é dirigido, pois há pessoas a quem uma luz viva demais deslumbraria, sem as esclarecer.

XXV – Buscai e achareis

É o princípio da lei do trabalho e, por conseguinte, da lei do progresso, pois o progresso é filho do trabalho, visto que o trabalho põe em ação as forças da inteligência.

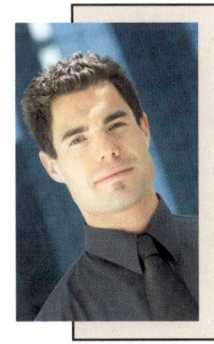

XX – Os trabalhadores da última hora

Bons espíritos, sois todos trabalhadores da última hora. Todos viestes quando fostes chamados, mas há quantos séculos e séculos o Senhor vos chamava para a sua vinha sem que nela quisésseis entrar! Eis que chegou o momento de embolsardes o salário; empregai bem a hora que vos resta e jamais esqueçais que a vossa existência não passa de um momento fugaz na imensidade dos tempos que formam a eternidade. Felizes os que houverem trabalhado no campo do Senhor, com desinteresse e sem outro motivo, senão a caridade! Felizes os que houverem dito: "Irmãos, trabalhemos juntos e unamos os nossos esforços, a fim de que o Senhor, ao chegar, encontre acabada a obra", pois o Senhor lhes dirá: "Vinde a mim, vós que soubestes impor silêncio aos vossos ciúmes e às vossas discórdias, a fim de que daí não viesse dano para a obra!" (O Espírito da Verdade)

CAPÍTULO 4

XVII – Sede perfeitos

Deus possui a perfeição infinita em todas as coisas; esta máxima: "Sede perfeitos", deve ser entendida no sentido da perfeição relativa, a de que a humanidade é suscetível e que mais a aproxima da Divindade. A essência da perfeição é a caridade na sua mais ampla acepção, porque implica a prática de todas as outras virtudes; e consiste em amarmos os nossos inimigos, em fazermos o bem aos que nos odeiam, em orarmos pelos que nos perseguem.

O homem de bem

1 – Cumpre a lei de justiça, de amor e de caridade, na sua maior pureza.
2 – Tem fé em Deus, em sua bondade, na sua justiça e em sua sabedoria.
3 – Tem fé no futuro.
4 – Sabe que todas as vicissitudes da vida são provas ou expiações.
5 – Faz o bem pelo bem, sem esperar paga alguma.
6 – Encontra satisfação nos benefícios que espalha.
7 – É bom, humano e benevolente para com todos.
8 – Respeita nos outros todas as convicções sinceras.
9 – A caridade é o seu guia.
10 – Não tem ódio, nem rancor, nem desejo de vingança.
11 – É indulgente para as fraquezas alheias.
12 – Não se compraz em rebuscar os defeitos alheios.
13 – Estuda suas próprias imperfeições.
14 – Não procura dar valor ao seu espírito à custa de outrem.
15 – Não se envaidece da sua riqueza.
16 – Usa, mas não abusa, dos bens que lhe são concedidos.
17 – Trata aos homens com bondade e benevolência.
18 – Cumpre os deveres conscienciosamente.
19 – Respeita todos os direitos que as leis da natureza dão aos seus semelhantes.

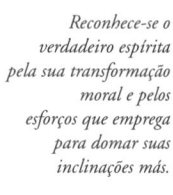

Reconhece-se o verdadeiro espírita pela sua transformação moral e pelos esforços que emprega para domar suas inclinações más.

Bem compreendido, mas sobretudo bem sentido, o Espiritismo conduz forçosamente aos resultados do homem de bem, que caracterizam o verdadeiro espírita como o verdadeiro cristão, pois que ambos são a mesma coisa.

XXVI – Dai de graça o que de graça recebestes

Com essa recomendação, Jesus prescreve que ninguém deve cobrar por aquilo que nada pagou. Os discípulos haviam recebido gratuitamente a faculdade de curar os doentes e de expulsar os Espíritos maus. A mediunidade, lhes havia sido dado gratuitamente por Deus, para alívio dos que sofrem e para ajudar na propagação da fé. Jesus recomendava-lhes que não fizessem desse dom objeto de comércio, nem de especulação, nem meio de vida.
Os médiuns receberam de Deus um dom gratuito: o de serem intérpretes dos Espíritos, para instrução dos homens, para lhes mostrar o caminho do bem e conduzi-los à fé.

A prece

Os Espíritos sempre disseram: "A forma nada vale, o pensamento é tudo. Ore, pois, cada um, segundo suas convicções e da maneira que mais o toque. Um bom pensamento vale mais do que grande número de palavras com as quais o coração em nada tome parte".

Os Espíritos jamais prescreveram qualquer fórmula absoluta de preces. Quando dão alguma, é apenas para fixar as ideias e, sobretudo, para chamar a atenção sobre certos princípios da Doutrina Espírita.

O objetivo da prece consiste em elevar nossa alma a Deus; a diversidade das formas não deve estabelecer nenhuma diferença entre os que nele creem.

Cada palavra deve ter seu alcance próprio, despertar uma ideia, mover uma fibra. Numa palavra: *deve fazer refletir*. A prece em comum tem ação mais poderosa, quando todos os que oram se associam de coração a um mesmo pensamento e têm o mesmo objetivo.

Coletânea de preces espíritas

I – Preces gerais
Oração dominical
Reuniões espíritas
Para os médiuns

II – Preces para si mesmo
Aos anjos da guarda e aos Espíritos protetores
Para afastar os Espíritos maus
Para pedir a corrigenda de um defeito
Pedido para resistir a uma tentação
Ação de graças pela vitória alcançada sobre uma tentação
Para pedir um conselho
Nas aflições da vida
Ação de graças por um favor obtido
Ato de submissão e de resignação
Num perigo iminente
Ação de graças por haver escapado a um perigo
À hora de dormir
Prevendo a morte próxima

III – Preces pelos outros
Por alguém que esteja em aflição
Ação de graças por um benefício concedido a outrem
Pelos nossos inimigos e pelos que nos querem mal
Ação de graças pelo bem concedido aos nossos inimigos
Pelos inimigos do Espiritismo
Por uma criança que acaba de nascer
Por um agonizante

IV – Preces pelos que já não são da Terra
Por alguém que acaba de morrer
Pelas pessoas a quem tivemos afeição
Pelas almas sofredoras que pedem preces
Por um inimigo que morreu
Por um criminoso
Por um suicida
Pelos Espíritos arrependidos
Pelos Espíritos endurecidos

V – Preces pelos doentes e obsidiados
Pelos doentes
Pelos obsidiados

Qualidades da prece

1 – Clara
2 – Simples
3 – Concisa

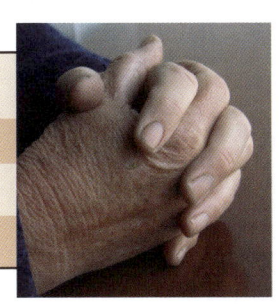

XXVII – Pedi e obtereis
Seria ilógico que basta pedir para obter, como seria injusto acusar a Providência se não atender a toda súplica que lhe é feita, uma vez que ela sabe, melhor do que nós, o que é para o nosso bem. O que Deus concederá ao homem, se ele lhe pedir com confiança, é a coragem, a paciência e a resignação. Também lhe concederá os meios de se livrar por si mesmo das dificuldades, mediante ideias que fará que os Espíritos bons lhe sugiram, deixando-lhe dessa forma o mérito da ação. Pela prece o homem atrai o concurso dos Espíritos bons, que vêm sustentá-lo em suas boas resoluções e inspirar-lhe bons pensamentos.

CAPÍTULO 4

Atividades

1. Complete as frases:

a) Os Espíritos do Senhor, que são as ....

b) Sócrates e Platão pressentiram a ideia ....

c) Diante do .... do Evangelho, a própria incredulidade se curva.

d) O Espiritismo vai marcar uma .... para a humanidade.

e) .... e .... virtudes contrárias ao egoísmo e ao orgulho.

2. Relacione:

a) Mundos primitivos   ..... Morada dos Espíritos depurados.
b) Mundos de expiação e de provas   ..... O bem sobrepuja o mal.
c) Mundos de regeneração   ..... O mal e o bem são semelhantes.
d) Mundos felizes   ..... Predomina o mal.
e) Mundos celestes ou divinos   ..... Primeiras encarnações da alma.

3. Responda:

a) Quais são as duas alavancas da inteligência humana?
....

b) Qual é o objetivo da prece?
....

c) O que atrai o homem pela prece?
....

d) Quais são as causas das vicissitudes da vida?
....

e) A Terra pertence à qual categoria dos mundos?
....

4. Verdadeiro ou Falso:

a) ..... Os Espíritos prescreveram fórmulas de preces.

b) ..... O divórcio é contrário à lei de Deus.

c) ..... Pobres de espírito são os homens desprovidos de inteligência.

d) ..... A reencarnação não fazia parte dos dogmas dos judeus.

e) ..... A lei do Antigo Testamento está personificada em Moisés.

A solução das atividades está na página 143.

Mensagem

Venho, como outrora, aos transviados filhos de Israel, trazer-vos a verdade e dissipar as trevas. Escutai-me. O Espiritismo, como antigamente o fez a minha palavra, tem de lembrar aos incrédulos que acima deles reina a imutável verdade: o Deus bom, o Deus grande, que faz germinem as plantas e se levantem as ondas. Revelei a divina doutrina. Como um ceifeiro, reuni em feixes o bem esparso no seio da humanidade e disse: "Vinde a mim, todos vós que sofreis!"

Mas os homens, ingratos, se afastaram do caminho largo e reto que conduz ao reino de meu Pai, perdendo-se nos ásperos atalhos da impiedade. Meu Pai não quer aniquilar a raça humana; quer que, ajudando-vos uns aos outros, mortos e vivos, isto é, mortos segundo a carne, já que a morte não existe, vos socorrais mutuamente, e que se faça ouvir não mais a voz dos profetas e dos apóstolos, mas a dos que já não vivem na Terra, a clamar: Orai e crede! pois a morte é a ressurreição, sendo a vida a prova escolhida, durante a qual as virtudes que houverdes cultivado crescerão e se desenvolverão como o cedro.

Homens fracos, que compreendeis as trevas das vossas inteligências, não afasteis o archote que a clemência divina vos coloca nas mãos para vos clarear o caminho e reconduzir-vos, filhos perdidos, ao regaço de vosso Pai.

Sinto-me tomado de muita compaixão pelas vossas misérias, pela vossa imensa fraqueza, para não deixar de estender a mão em socorro aos infelizes transviados que, vendo o céu, caem nos abismos do erro. Crede, amai, meditai sobre as coisas que vos são reveladas; não mistureis o joio com a boa semente, as utopias com as verdades.

Espíritas! amai-vos, este o primeiro ensinamento; instruí-vos, este o segundo. Todas as verdades encontram-se no Cristianismo; os erros que nele se arraigaram são de origem humana. E eis que do Além-túmulo, que julgáveis o nada, vozes vos clamam: "Irmãos! nada perece. Jesus Cristo é o vencedor do mal, sede os vencedores da impiedade".

O Espírito de Verdade
Paris, 1860.

O Evangelho segundo o Espiritismo
Allan Kardec

CAPÍTULO 5

O Céu e o Inferno

CAPÍTULO 5

O Céu e o Inferno

Primeira parte	Doutrina
Segunda parte	Exemplos

Deixando a Terra, para onde vamos? Estaremos melhores ou piores? *Ser* ou *não ser*, tal a alternativa. Viveremos eternamente, ou tudo se aniquilará de vez?

Pela crença em o nada, o homem concentra todos os seus pensamentos na vida presente. É o mais poderoso estímulo ao egoísmo. Se a religião se mostra impotente para sustar a incredulidade, é que lhe falta alguma coisa.

O Espiritismo vem opor um dique à difusão da incredulidade, não somente pelo raciocínio, mas pelos fatos materiais, tornando tangíveis a alma e a vida futura. E é esta crença, a base de todas as religiões desde que o mundo existe.

Todas as religiões admitiram igualmente o princípio da felicidade ou infelicidade da alma após a morte, que se resumem na doutrina do céu e do inferno. No que elas diferem é quanto à natureza dessas penas e gozos.

Se a religião, apropriada em começo aos conhecimentos limitados do homem, tivesse acompanhado sempre o movimento progressivo do espírito humano, não haveria incrédulos, porque está na própria natureza do homem a necessidade de crer, e ele crerá desde que se lhe dê o pábulo espiritual de harmonia com as suas necessidades intelectuais.

O Espiritismo é acolhido por todos os atormentados da dúvida, os que não encontram nem nas crenças o que procuram. Ele tem por si a lógica do raciocínio e a sanção dos fatos, e é por isso que inutilmente o têm combatido.

O Espiritismo trará gradualmente a unidade de crenças, não já baseada em simples hipótese, mas na certeza.

Nome completo: *O Céu e o Inferno* ou a justiça divina segundo o Espiritismo

Complemento: Exame comparado das doutrinas sobre a passagem da vida corporal à vida espiritual, sobre as penalidades e recompensas futuras, sobre os anjos e demônios, sobre as penas, etc., seguido de numerosos exemplos acerca da situação real da alma durante e depois da morte.

Data: 1º de agosto de 1865
Lugar: Paris, França
Autor: Allan Kardec

Parte I
Doutrina

- I – O porvir e o nada
- II – Temor a morte
- III – O Céu
- IV – O Inferno
- V – O Purgatório
- VI – Doutrina das penas eternas
- VII – As penas futuras segundo o Espiritismo
- VIII – Os anjos
- IX – Os demônios
- X – Intervenção dos demônios nas modernas manifestações
- XI – É proibido evocar os mortos?

As três alternativas do homem depois da morte:

1 – O nada

2 – A absorção

3 – A individualidade da alma antes e depois da morte.

O Céu

Os antigos acreditavam na existência de muitos céus superpostos, formando esferas concêntricas e tendo a Terra por centro.
A teologia cristã reconhece três céus:
1– É o da região do ar
2– O espaço em que giram os astros
3– Para além deste, é a morada do Altíssimo.
As diferentes doutrinas repousam no duplo erro de considerar a Terra centro do universo, e limitada a região dos astros. A Ciência mostrou a nulidade de todas essas teorias.
O Espiritismo explica que o homem compõe-se de corpo e Espírito. Existindo dois mundos:
1 – *O corporal*, composto de Espíritos encarnados;
2 – *O espiritual*, formado dos Espíritos desencarnados.
A felicidade está na razão direta do progresso realizado intelectual e moral, sem que por isso precisem estar em lugar distinto.

O Purgatório

O Evangelho não faz menção alguma ao purgatório, que só foi admitido pela Igreja no ano de 593.
É um dogma mais racional e mais conforme com a justiça de Deus que o Inferno, porque estabelece penas menos rigorosas e resgatáveis para as faltas.
O Espiritismo não nega o purgatório, pois prova que nele nos achamos, e explicando a causa das misérias terrestres, conduz à crença aqueles mesmos que o negam.
O Espiritismo explica que nas sucessivas encarnações a alma se despoja das suas imperfeições, que se *purga*, até que esteja bastante pura para deixar os mundos de expiação como a Terra, onde os homens expiam o passado e o presente, em proveito do futuro.

O Inferno

Desde todas as épocas o homem acreditou que a vida futura seria feliz ou infeliz, conforme o bem ou o mal praticado neste mundo.
A ideia que ele faz está em relação com as noções do bem e do mal. O homem primitivo, não tendo desenvolvido o sentido que o levaria a compreender o mundo espiritual, não podia conceber senão penas materiais; por tal, os infernos de todas as religiões se assemelham.

O inferno cristão imitado do inferno pagão

O inferno pagão perpetuou-se no seio dos cristãos. Comparando-os, encontram-se numerosas analogias; ambos têm o fogo material e um rei dos infernos. Jesus não podia de um só golpe destruir inveteradas crenças, Ele limitou-se a falar da vida bem-aventurada, dos castigos reservados aos culpados, sem referir-se jamais a castigos corporais, que constituíram para os cristãos um artigo de fé.

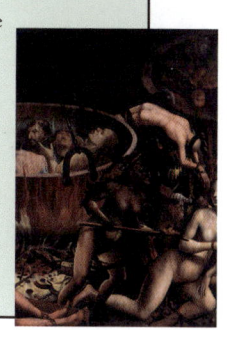

CAPÍTULO 5

Por que os espíritas não temem a morte?

A Doutrina Espírita transforma completamente a perspectiva do futuro. A vida futura deixa de ser uma hipótese para ser realidade.

Ergueu-se o véu; o mundo espiritual aparece-nos na plenitude de sua realidade prática; não foram os homens que o descobriram, são os próprios habitantes desse mundo que nos vêm descrever a sua situação; aí os vemos em todos os graus da escala espiritual, em todas as fases da felicidade e da desgraça, assistindo a todas as peripécias da vida de Além-túmulo.

Eis aí por que os espíritas encaram a morte calmamente e se revestem de serenidade nos seus últimos momentos sobre a Terra. Já não é só a esperança, mas a certeza que os conforta.

O temor da morte é um efeito da sabedoria da Providência e uma consequência do instinto de conservação. Ele é necessário enquanto não se está suficientemente esclarecido sobre as condições da vida futura.

Doutrina das penas eternas

A doutrina das penas eternas teve sua razão de ser, enquanto o temor podia constituir um freio para os homens pouco adiantados intelectual e moralmente. Quanto mais próximo do estado primitivo, mais material é o homem. O senso moral é o que de mais tardio nele se desenvolve, razão pela qual também não pode fazer de Deus, dos seus atributos e da vida futura, senão uma ideia muito imperfeita e vaga. Para tais homens eram precisas crenças religiosas assimiladas à sua natureza rústica. Uma religião toda espiritual, toda amor e caridade não podia aliar-se à brutalidade dos costumes e das paixões. O dogma da eternidade absoluta das penas é, portanto, incompatível com o progresso das almas. O Espiritismo, dando noções mais sensatas da vida futura, prova que podemos, cada um de nós, promover a felicidade pelas próprias obras.

As penas futuras segundo o Espiritismo

A Doutrina Espírita, não se baseia numa teoria preconcebida; não é um sistema substituindo outro sistema: em tudo ela se apoia nas observações, e são estas que lhe dão plena autoridade. Ninguém jamais imaginou que as almas, depois da morte, se encontrariam em tais ou quais condições; são elas que nos vêm iniciar nos mistérios da vida futura, descrever-nos sua situação feliz ou desgraçada, as impressões, a transformação pela morte do corpo. Trata-se, sim, de inúmeros exemplos fornecidos por Espíritos de todas as categorias, desde os mais elevados aos mais inferiores da escala, por intermédio de médiuns disseminados pelo mundo, de sorte que a revelação deixa de ser privilégio de alguém, todos podem prová-la, observando-a, sem obrigar-se à crença pela crença de outrem.

CÓDIGO PENAL DA VIDA FUTURA

1º – A alma sofre na vida espiritual as consequências de todas as imperfeições.

2º – A completa felicidade prende-se à perfeição, à purificação completa do Espírito.

3º – Não há uma única imperfeição da alma que não importe funestas e inevitáveis consequências.

4º – Em virtude da lei do progresso temos que o futuro é aberto a todas as criaturas.

5º – O inferno está por toda parte em que haja almas sofredoras, e o céu onde houver almas felizes.

6º – Toda imperfeição é fonte de sofrimento, o Espírito deve sofrer não somente pelo mal que fez como pelo bem que deixou de fazer.

7º – O Espírito sofre pelo mal que fez, sendo a sua atenção dirigida para as consequências desse mal, melhor compreende os seus inconvenientes e trata de corrigir-se.

8º – Sendo infinita a justiça de Deus, o bem e o mal são rigorosamente considerados.

9º – Todo mal realizado é uma dívida contraída que deverá ser paga; em uma existência ou nas seguintes.

10º – O Espírito sofre, quer no mundo corporal, quer no espiritual, a consequência das suas imperfeições.

11º – A expiação varia segundo a natureza e gravidade da falta, podendo a mesma falta determinar expiações diversas.

12º – A única lei geral é que toda falta terá punição, e terá recompensa todo ato meritório, segundo o seu valor.

13º – A duração do castigo depende da melhoria do Espírito culpado.

14º – O culpado que jamais melhorasse sofreria sempre, e, para ele, a pena seria eterna.

15º – Uma condição inerente à inferioridade dos Espíritos é não lobrigarem o termo da provação, acreditando-a eterna.

16º – Arrependimento, expiação e reparação constituem, portanto, as três condições necessárias para apagar os traços de uma falta e suas consequências.

17º – O arrependimento pode dar-se por toda parte e em qualquer tempo.

18º – Os Espíritos imperfeitos são excluídos dos mundos felizes.

19º – Como o Espírito tem sempre o livre-arbítrio, o progresso por vezes se lhe torna lento, e tenaz a sua obstinação no mal.

20º – Quaisquer que sejam a inferioridade e perversidade dos Espíritos, Deus jamais os abandona.

21º – A responsabilidade das faltas é toda pessoal, ninguém sofre por erros alheios.

22º – Conquanto infinita a diversidade de punições, algumas há inerentes à inferioridade dos Espíritos, e cujas consequências são pouco mais ou menos idênticas.

23º – Um fenômeno muito frequente entre os Espíritos de certa inferioridade moral é o acreditarem-se ainda vivos materialmente.

24º – Para o criminoso, a presença incessante das vítimas e das circunstâncias do crime é um suplício.

25º – A situação de sofrimento dos Espíritos perdura até o desejo de reparação pelo arrependimento.

26º – Para o orgulhoso relegado às classes inferiores, é suplício ver acima dele colocados, os que na Terra despreza.

27º – Quanto mais nos demorarmos na reparação de uma falta, tanto mais penosas e rigorosas serão, no futuro, as suas consequências.

28º – A situação do Espírito, no mundo espiritual, não é outra senão a por si mesmo preparada na vida corpórea.

29º – O culpado que atinge a misericórdia de Deus não fica exonerado, e, enquanto não houver satisfeito à justiça, sofre a consequência dos seus erros.

30º – As penas constituem castigos e remédios auxiliares à cura do mal.

31º – É na vida corpórea que o Espírito repara o mal de anteriores existências.

32º – A justiça divina patenteia-se na igualdade absoluta que preside à criação dos Espíritos.

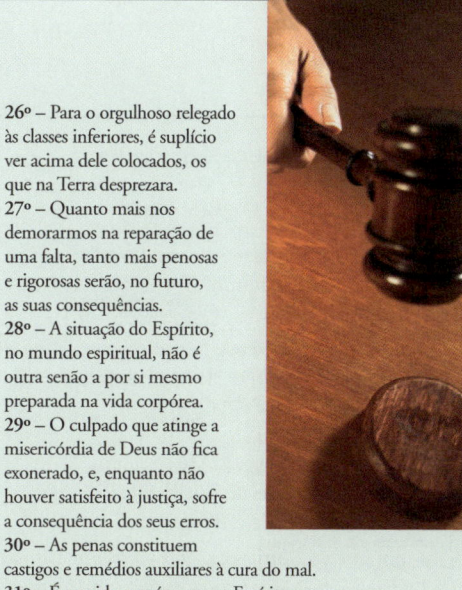

33º – Resumo do Código Penal da Vida Futura

1 – O sofrimento é inerente à imperfeição.

2 – Toda imperfeição traz consigo o próprio castigo nas consequências naturais e inevitáveis: assim, a moléstia pune os excessos e da ociosidade nasce o tédio, sem que haja necessidade de uma condenação especial para cada falta ou indivíduo.

3 – Podendo todo homem libertar-se das imperfeições por efeito da vontade, pode igualmente anular os males consecutivos e assegurar a futura felicidade.

A cada um segundo as suas obras, no Céu como na Terra: tal é a lei da Justiça divina.

CAPÍTULO 5

Anjos

Os anjos segundo a Igreja

Todas as religiões têm tido anjos sob vários nomes, isto é, seres superiores à humanidade, intermediários entre Deus e os homens. Negando toda a existência espiritual fora da vida orgânica, o materialismo naturalmente classificou os anjos entre as ficções e alegorias.

A crença nos anjos é parte essencial dos dogmas da Igreja, os teólogos ensinam geralmente que os anjos se dividem em três grandes hierarquias:

1 – **A mais alta hierarquia:**
— *Os Serafins, Querubins e Tronos.*
Exercem funções no céu.

2 – **Segunda hierarquia**
— As *Dominações*, as *Virtudes*, e as *Potências*.
Atribui-se-lhes o governo geral do universo.

3 — **Terceira hierarquia**
— Os *Principados*, os *Arcanjos* e os *Anjos de guarda*. Têm por missão a direção das sociedades e das pessoas.

Os anjos são seres puramente espirituais, anteriores e superiores à humanidade, criaturas privilegiadas e votadas à felicidade suprema e eterna desde a sua formação, dotadas, por sua própria natureza, de todas as virtudes e conhecimentos, nada tendo feito, para adquiri-los. Estão no primeiro plano da Criação, contrastando com o último onde a vida é puramente material.

Os anjos segundo o Espiritismo

A revelação espírita confirma a crença de todos os povos, a existência de seres dotados de todas as qualidades atribuídas aos anjos.

As almas ou Espíritos são criados simples e ignorantes, isto é, sem conhecimentos nem consciência do bem e do mal, porém, aptos para adquirir o que lhes falta. O trabalho é o meio de aquisição, e o fim — que é a perfeição — é para todos o mesmo.

A alma, qual criança, é inexperiente nas primeiras fases da existência, e daí o ser falível. Não lhe dá Deus essa experiência, mas dá-lhe meios de adquiri-la. Pouco a pouco, se desenvolve, aperfeiçoa e adianta na hierarquia espiritual até ao estado de *Espírito puro* ou *anjo*. Os anjos são, pois, as almas dos homens chegados ao grau de perfeição que a criatura comporta, fruindo em sua plenitude a prometida felicidade. Deus nunca esteve inativo e sempre teve Espíritos puros, experimentados e esclarecidos, para transmissão de suas ordens e direção do universo, desde o governo dos mundos até os mais ínfimos detalhes. Tampouco teve Deus necessidade de criar seres privilegiados; todos adquiriram suas posições por mérito próprio; desse modo, completa-se com igualdade a soberana justiça do Criador.

Origem da crença nos demônios

Em todos os tempos os demônios representaram papel saliente nas diversas teogonias. A crença num poder superior é instintiva no homem. O duplo princípio do bem e do mal foi, durante muitos séculos, e sob vários nomes, a base de todas as crenças religiosas. Vemo-lo assim sintetizado em *Oromase* e *Arimane* entre os persas, em *Jeová* e *Satã* entre os hebreus. Os pagãos fizeram deles individualidades e deram--lhes atribuições para o bem e para o mal. Os cristãos e os muçulmanos herdaram dos hebreus os anjos e os demônios.

Allan Kardec para todos

Demônios

Os demônios segundo a Igreja

Satanás, o chefe ou o rei dos demônios, não é, segundo a Igreja, uma personificação alegórica do mal, mas uma *entidade real*, praticando exclusivamente o mal, enquanto que Deus pratica exclusivamente o bem. Satã e os demônios eram anjos, eles eram perfeitos; faliram a ponto de desconhecer a autoridade desse Deus, em cuja presença se encontravam. Deus em tudo os tinha criado semelhantes aos Espíritos sublimes que, subdivididos em todas as ordens e adstritos a todas as classes, tinham o mesmo fim e idênticos destinos, e seu chefe era o mais belo dos arcanjos. Estes anjos desde a sua criação, foram votados à perpetuidade do mal e predestinados a demônios para arrastarem os homens ao mal.

Os demônios segundo o Espiritismo

Nem anjos nem demônios são entidades distintas, por isso que a criação de seres inteligentes é uma só. Unidos a corpos materiais, esses seres constituem a humanidade que povoa a Terra e as outras esferas habitadas; uma vez libertos do corpo material, constituem o mundo espiritual. Deus criou-os perfectíveis e deu-lhes por escopo a perfeição, com a felicidade que dela decorre. Nas classes inferiores destacam-se Espíritos ainda profundamente propensos ao mal. A estes pode-se denominar *demônios*, pois são capazes de todos os malefícios aos ditos atribuídos. O Espiritismo não lhes dá tal nome por se prender ele à ideia de uma criação distinta do gênero humano, como seres de natureza essencialmente perversa, votados ao mal eternamente e incapazes de qualquer progresso para o bem, o que não é verdade.

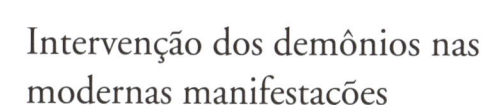

Intervenção dos demônios nas modernas manifestações

Os modernos fenômenos do Espiritismo têm atraído a atenção sobre fatos análogos de todos os tempos. Pela semelhança dos efeitos, inferiu-se a unidade da causa. O vulgo viu nos fenômenos espíritas uma causa sobrenatural, e a superstição completou o erro ajuntando-lhes absurdas crendices.

Os fenômenos espíritas confirmaram a intervenção de inteligências ocultas, porém agindo dentro de leis naturais e revelando por sua ação uma nova força e leis até então desconhecidas.

Essas inteligências são as almas dos que viveram na Terra. Sabemos também que as diversas categorias de bons e maus Espíritos não são seres de espécies diferentes, porém que apenas representam *graus diversos de adiantamento*. Segundo a posição que ocupam em virtude do desenvolvimento intelectual e moral, os seres que se manifestam apresentam os mais fundos contrastes, sem que por isso possamos supor não tenham saído todos da grande família humana, do mesmo modo que o selvagem, o bárbaro e o homem civilizado.

CAPÍTULO 5

É duplo, o motivo pelo qual não se pode aceitar logicamente a autoridade de Moisés, quando proibiu a evocação dos mortos:

1 – Porque a sua lei não rege o Cristianismo

2 – Porque é imprópria aos costumes da nossa época.

Proibição de evocar os mortos

A Igreja de modo algum nega a realidade das manifestações. Ao contrário, como vimos nas citações precedentes, admite-as totalmente, atribuindo-as à exclusiva intervenção dos demônios.

O supremo argumento que prevalece é a proibição de Moisés. *Levítico* (19:31), *Deuteronômio* (18:10 a 12)

Demais, é preciso expender os motivos que justificavam essa proibição e que hoje se anularam completamente. O legislador hebreu queria que o seu povo abandonasse todos os costumes adquiridos no Egito, onde as evocações estavam em uso e facilitavam abusos. Moisés tinha razão, portanto, proibindo tais coisas e afirmando que Deus as abominava. Uma vez, porém, que os espíritas *não sacrificam criancinhas nem fazem libações para honrar deuses*; uma vez que repudiam traficar com a faculdade de comunicar com os Espíritos — a proibição de Moisés não lhes pode ser extensiva.

A verdade é que o Espiritismo condena tudo que motivou a interdição de Moisés; mas os seus adversários, no afã de encontrar argumentos com que rebatam as novas ideias, apercebem de que tais argumentos são negativos, por serem completamente falsos.

Se Moisés proibiu evocar os mortos, é que estes podiam vir, pois do contrário inútil fora a proibição. Ora, se os mortos podiam vir naqueles tempos, também o podem hoje; e se são Espíritos de mortos os que vêm, não são exclusivamente demônios. Demais, Moisés de modo algum fala nesses últimos.

Repelir as comunicações de Além-túmulo é repudiar o meio mais poderoso de instruir-se, já pela iniciação nos conhecimentos da vida futura, já pelos exemplos que tais comunicações nos fornecem.

Os Espíritos se apresentam espontaneamente, sem constrangimento, muitas vezes mesmo sem que sejam chamados. Eles também dão testemunho da satisfação que experimentam por comunicar-se com os homens, e queixam-se às vezes do esquecimento em que os deixam. Se os Espíritos se perturbassem ou se agastassem com os nossos chamados, certo o diriam e não retornariam; porém, nessas evocações, livres como são, se se manifestam, é porque lhes convém.

Parte II
Exemplos

- I – *A passagem*
- II – *Espíritos felizes*
- III – *Espíritos em condições medianas*
- IV – *Espíritos sofredores*
- V – *Suicidas*
- VI – *Criminosos arrependidos*
- VII – *Espíritos endurecidos*
- VIII – *Expiações terrestres*

Quatro situações da Passagem:

1º Se no momento em que se extingue a vida orgânica o desprendimento do perispírito fosse completo, a alma nada sentiria absolutamente.

2º Se nesse momento a coesão dos dois elementos estiver no auge de sua força, produz-se uma espécie de ruptura que reage dolorosamente sobre a alma.

3º Se a coesão for fraca, a separação torna-se fácil e opera-se sem abalo.

4º Se após a cessação completa da vida orgânica existirem ainda numerosos pontos de contacto entre o corpo e o perispírito, a alma poderá ressentir-se dos efeitos da decomposição do corpo, até que o laço inteiramente se desfaça.

A certeza da vida futura não exclui as apreensões quanto à passagem desta para a outra vida. Há muita gente que teme não a morte em si, mas o momento da transição. Sofremos ou não nessa passagem? Por isso se inquietam, e com razão, visto que ninguém foge à lei fatal dessa transição.

A insensibilidade da matéria inerte é um fato, e só a alma experimenta sensações de dor e de prazer. Durante a vida, toda a desagregação material repercute na alma, que por este motivo recebe uma impressão mais ou menos dolorosa.

É a alma e não o corpo quem sofre, pois este não é mais que instrumento da dor. O perispírito é o envoltório da alma e não se separa dela nem antes nem depois da morte. A sensação dolorosa da alma está na razão direta da soma dos pontos de contato existentes entre o corpo e o perispírito, e, por conseguinte, também da maior ou menor dificuldade que apresenta o rompimento.

O sofrimento, que acompanha a morte, está subordinado à força adesiva que une o corpo ao perispírito; que tudo o que puder atenuar essa força, e acelerar a rapidez do desprendimento, torna a passagem menos penosa.

A perturbação

Estado existente na transição da vida corporal para a espiritual. A perturbação pode ser considerada o estado normal no instante da morte e perdurar por tempo indeterminado, variando de algumas horas a alguns anos.
À proporção que se liberta, a alma encontra-se numa situação comparável à de um homem que desperta de profundo sono. A causa principal da maior ou menor facilidade de desprendimento é o estado moral da alma. A afinidade entre o corpo e o perispírito é proporcional ao apego à matéria, que atinge o seu máximo no homem cujas preocupações dizem respeito exclusiva e unicamente à vida e gozos materiais.

CAPÍTULO 5

Espíritos felizes

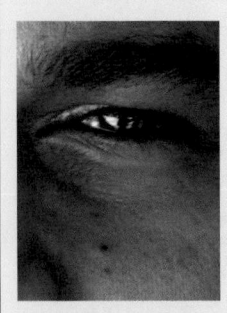

Sanson
Antigo membro da Sociedade Espírita de Paris faleceu a 21 de abril de 1862, depois de um ano de atrozes padecimentos.

Oh! certamente, eu não sou mais desse mundo, porém, estarei sempre ao vosso lado para vos proteger e sustentar, a fim de pregardes a caridade e a abnegação, que foram os guias da minha vida. Depois, ensinarei a verdadeira fé, a fé espírita, que deve elevar a crença do bom e do justo; estou forte, robusto, em uma palavra — transformado. Em mim não reconhecereis mais o velho enfermo que tudo devia esquecer, fugindo de todo prazer e alegria. Eu sou Espírito e a minha pátria é o Espaço, o meu futuro é Deus, que reina na imensidade. Desejara poder falar a meus filhos, ensinar-lhes aquilo mesmo que sempre desdenharam acreditar.

Espíritos em condições medianas

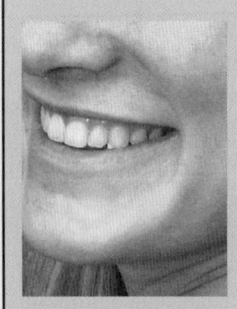

Sra. Hélène Michel
Jovem de 25 anos, falecida subitamente no lar, sem sofrimentos. Rica e um tanto frívola, Não obstante, possuía um coração bondoso e era dócil.

Obrigada por haverdes orado por mim. Reconheço a bondade de Deus, que me subtraiu aos sofrimentos e apreensões consequentes ao desligamento do meu Espírito. À minha pobre mãe será dificílimo resignar-se; entretanto será confortada. Estarei ao seu lado até o fim da sua provação terrestre, ajudando-a a suportá-la.
Não sou infeliz, porém, muito tenho ainda a fazer para aproximar-me da situação dos bem-aventurados. Pedirei a Deus me conceda voltar a essa Terra para reparação do tempo que aí perdi nesta última existência.

Espíritos sofredores

Depois da morte, os Espíritos endurecidos, egoístas e maus são logo presas de uma dúvida cruel a respeito do seu destino, no presente e no futuro. Olham em torno de si e nada veem que possa aproveitar ao exercício da sua maldade — o que os desespera, visto como o insulamento e a inércia são intoleráveis aos maus Espíritos.

Exprobrações de um boêmio
Homens, meus irmãos, eu vivi só para mim e agora expio e sofro! Conceda-vos Deus a graça de evitardes os espinhos que ora me laceram. Prossegui na senda larga do Senhor e orai por mim, pois abusei dos favores que Deus faculta às suas criaturas!
O homem deve utilizar-se sobriamente dos bens de que é depositário, habituando-se a visar a eternidade que o espera, abrindo mão, por consequência, dos gozos materiais.

Suicidas

Sua alma, posto que separada do corpo, está ainda completamente imersa no que poderia chamar-se o turbilhão da matéria corporal; vivazes lhe são as ideias terrenas, a ponto de se acreditar encarnado.

O suicida da Samaritana
Um homem de cerca de 50 anos, que se degolara com uma navalha.

Morto? Eu? Não... que habito o meu corpo... Não sabeis como sofro!... Sufoco-me... Oxalá que mão compassiva me aniquilasse de vez!
Estou abandonado; *fugi ao sofrimento para entregar-me à tortura*. Era um desprezado, ninguém me amava. Quantos o são como eu!... Um homem pode viver abandonado no seio da família, quando ninguém o preza. Não refleti, senti... Mas a vida não se me extinguiu... minha alma está ligada ao corpo... *Sinto os vermes a corroerem-me*.

CRIMINOSOS ARREPENDIDOS

A situação ao morrer é similar a de quase todos os que sucumbem violentamente.
Não se verificando bruscamente a separação, eles ficam como aturdidos, sem saber se estão mortos ou vivos e são constantemente acossados pelo olhar das suas vítimas.

Jacques Latour
(Assassino condenado pelo júri de Foix e executado em setembro de 1864)

"Arrependo-me! arrependo-me! Latour!"
"Oh! sim, piedade... muito necessito dela... Não sabeis o que sofro... Não o sabeis, e não podereis compreendê–lo.
É horrível! A guilhotina!... Que vale a guilhotina comparada a este sofrimento de agora? Nada! — é um instante. E as minhas vítimas, ali estão ao redor, a mostrar-me os ferimentos, a perseguir-me com seus olhares... Eu vo-lo peço, não sejais inexorável; libertai-me destes olhares odiosos, destes espectros horríveis... deste sangue... das minhas vítimas... *olhares que*, quais punhaladas, me varam o coração.

EXPIAÇÕES TERRESTRES

Marcel, o menino do nº 4
Meninos de 8 a 10 anos, designavam-no pelo nº 4. Totalmente contorcido, já pela sua deformidade inata, já pela doença, num tal estado de magreza, que era pele sobre ossos.

Todo sofrimento tem uma causa justa. Aquele a quem conhecestes tão mísero, foi belo, grande, rico e adulado. Eu tivera turiferários e cortesãos, fora fútil e orgulhoso. Anteriormente fui bem culpado; reneguei Deus, prejudiquei meu semelhante, mas expiei cruelmente, primeiro no mundo espiritual e depois na Terra. Os meus sofrimentos de alguns anos apenas, nesta última encarnação, suportei-os, eu anteriormente por toda uma existência que se prolongou até a velhice.

ESPÍRITOS ENDURECIDOS

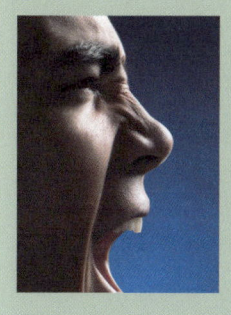

Lapommeray
Um Espírito, ao qual ninguém fizera alusão, manifestou-se espontaneamente pela seguinte comunicação:

A vida é uma comédia lúgubre! A morte é terror, aspiração ou castigo, conforme a fraqueza ou a força dos que a temem, afrontam ou imploram. A luz ofusca-me e penetra, qual flecha aguda, a sutileza do meu ser. Castigaram-me com as trevas do cárcere e acreditavam castigar-me ainda com as trevas do túmulo, senão com as sonhadas pelas superstições católicas... Pois bem, sois vós que padeceis da obscuridade, enquanto que eu, degredado social, me coloco em plano superior.
Não quero que me deplorem... nada peço... lutarei por mim mesmo, só, contra *esta luz odiosa*.

Extratos da II parte do livro *O céu e o inferno* contendo exemplos acerca da situação real da alma durante e depois da morte.

CAPÍTULO 5

Atividades

O CÉU E O INFERNO

1. Complete as frases:

a) O Espiritismo trará gradualmente a ...., não já baseada em simples hipótese, mas na certeza.

b) O .... está por toda parte em que haja almas sofredoras, e o céu onde houver almas felizes.

c) Os Espíritos se apresentam .... , sem constrangimento.

d) Se Moisés proibiu ...., é que estes podiam vir.

e) Os fenômenos espíritas confirmaram a intervenção de .... ocultas.

2. Relacione:

a) Espíritos de condições medianas   ..... Vivazes lhe são as ideias terrenas.
b) Espíritos felizes   ..... São acossados pelo olhar das suas vítimas.
c) Espíritos arrependidos   ..... O futuro é Deus.
d) Suicidas   ..... A luz ofusca.
e) Espíritos endurecidos   ..... Não são infelizes nem felizes.

3. Responda:

a) Qual é a lei da Justiça divina?
....

b) O que é a perturbação?
....

c) Quanto tempo dura a perturbação depois da morte?
....

d) De onde são excluídos os Espíritos imperfeitos?
....

e) Em quais livros prevalece a proibição de Moisés?
....

4. Verdadeiro ou Falso:

a) ..... O sofrimento é inerente à imperfeição.

b) ..... A duração do castigo depende da melhoria do Espírito culpado.

c) ..... Deus nunca esteve inativo e sempre teve Espíritos puros.

d) ..... O Espiritismo não condena tudo que motivou a interdição de Moisés.

e) ..... Anjo é o estado de Espírito puro.

A solução das atividades está na página 143.

Mensagem

Se considerarmos a época em que surgiu o Espiritismo, facilmente reconheceremos que ele chegou na hora exata, nem mais cedo, nem mais tarde. Mais cedo, teria abortado, porque, não sendo numerosas as simpatias, teria sucumbido sob os golpes dos adversários. Mais tarde, teria perdido a ocasião favorável para eclodir; as ideias poderiam tomar outro rumo, do qual seria difícil desviá-las. Era preciso deixar ao tempo o cuidado de consumir as velhas ideias e provar a sua insuficiência, antes de apresentar outras mais novas.

As ideias prematuras costumam malograr porque as criaturas não estão maduras para as compreenderem, nem sentem por ora a necessidade de uma mudança de posição. Hoje, é inegável para todo o mundo que um grande movimento se manifesta na opinião pública; que uma reação formidável se opera progressivamente contra o espírito estacionário ou retrógrado da rotina; que os satisfeitos da véspera são os impacientes do dia seguinte. A humanidade está em trabalho de parto; existe alguma coisa no ar, uma força irresistível a impele para frente, à semelhança de um jovem, mal saído da adolescência e que entrevê novos horizontes, embora não os possa definir, e que se desfaz das fraldas da infância. O homem quer coisa melhor, alimentos mais sólidos para a razão. Esse desejo do melhor, porém, ainda não está bem definido. Buscam-no sem cessar, todos trabalham para isso, desde o crente até o incrédulo, desde o lavrador até o sábio. O universo é um vasto canteiro de obras; uns demolem, outros constroem; cada um talha sua pedra para o novo edifício, cujo plano definitivo é prerrogativa do grande Arquiteto e cuja economia só será compreensível quando suas formas começarem a delinear-se acima da superfície do solo. E foi justamente este o momento escolhido pela soberana Sabedoria para o advento do Espiritismo.

O Céu e o Inferno
Allan Kardec

CAPÍTULO 6

A Gênese

CAPÍTULO 6

A Gênese

A gênese	12 Capítulos
Os milagres	3 Capítulos
As predições	3 Capítulos

Esta nova obra é um passo a mais no terreno das consequências e das aplicações do Espiritismo. Ela tem como objetivo o estudo dos três pontos até agora diversamente interpretados e comentados: *A gênese, os milagres e as predições*, em suas relações com as novas leis que decorrem da observação dos fenômenos espíritas.

Dois elementos, ou, se quiserem, duas forças regem o universo: o elemento espiritual e o elemento material. Da ação simultânea desses dois princípios resultam fenômenos especiais, que se tornam naturalmente inexplicáveis, desde que se abstraia de um deles, do mesmo modo que a formação da água seria inexplicável, se não se levasse em consideração um dos seus elementos constituintes: o oxigênio ou o hidrogênio.

Ao demonstrar a existência do mundo espiritual e suas relações com o mundo material, o Espiritismo fornece a explicação de uma imensidade de fenômenos incompreendidos.

O Espiritismo não encerra mistérios, nem teorias secretas; tudo nele tem que estar patente, a fim de que todos o possam julgar com conhecimento de causa.

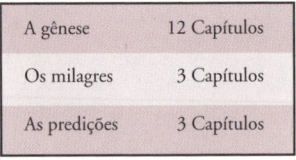

Forças do universo

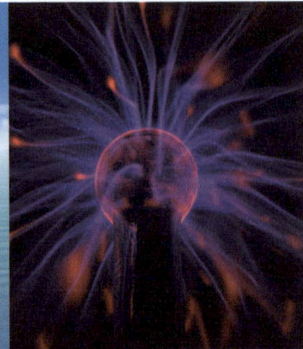

O Elemento Espiritual   O Elemento Material

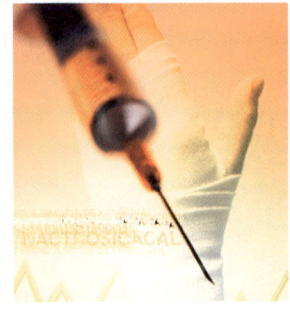

Todas as ciências que nos fazem conhecer os mistérios da natureza são revelações e se pode dizer que há para a humanidade uma revelação incessante.

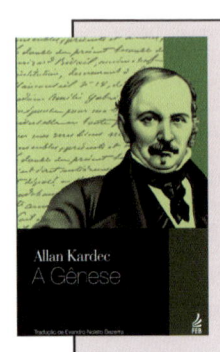

Nome completo: *A Gênese*, os milagres e as predições segundo o Espiritismo

Complemento: A Doutrina Espírita há resultado do ensino coletivo e concordante dos Espíritos. A ciência é chamada a constituir a gênese de acordo com as leis da natureza. Deus prova a sua grandeza e seu poder pela imutabilidade das suas leis e não pela ab-rogação delas. Para Deus, o passado e o futuro são o presente.

Data: 6 de janeiro de 1868
Lugar: Paris, França
Autor: Allan Kardec

Parte I
A Gênese

I –	Caráter da revelação espírita
II –	Deus
III –	O bem e o mal
IV –	Papel da Ciência na Gênese
V –	Antigos e modernos sistemas do mundo
VI –	Uranografia geral
VII –	Esboço geológico da Terra
VIII –	Teorias sobre a formação da Terra
IX –	Revoluções do globo
X –	Gênese orgânica
XI –	Gênese espiritual
XII –	Gênese moisaica

Revelar, do latim *revelare*, cuja raiz, *velum*, véu, significa literalmente sair de sob o *véu* — e, figuradamente, descobrir.

A característica essencial de qualquer revelação tem que ser a verdade. Revelar um segredo é tornar conhecido um fato; se é falso, já não é um fato e, por consequência, não existe revelação.

O Espiritismo, dando-nos a conhecer o mundo invisível que nos cerca e no meio do qual vivíamos sem o suspeitarmos, assim como as leis que o regem, suas relações com o mundo visível, a natureza dos seres que o habitam, o destino do homem depois da morte, é uma verdadeira revelação, na acepção científica da palavra.

O Espiritismo, partindo das próprias palavras do Cristo, como este partiu das de Moisés, é consequência direta da sua doutrina. À ideia vaga da vida futura, acrescenta a revelação da existência do mundo invisível que nos rodeia e povoa o espaço, e com isso precisa a crença, dá-lhe um corpo, uma consistência, uma realidade à ideia.

1ª Revelação
Moisés

2ª Revelação
Jesus

3ª Revelação
Os Espíritos

O que caracteriza a revelação espírita é o ser divina a sua origem e da iniciativa dos Espíritos, sendo a sua elaboração fruto do trabalho do homem.

Deus

Existência de Deus
Sendo Deus a causa primeira de todas as coisas, a origem de tudo o que existe.

Natureza divina
Não é dado ao homem sondar a natureza íntima de Deus. Para compreendê-lo, ainda nos falta o sentido próprio, que *só se adquire por meio da completa depuração do Espírito.*

Atributos de Deus
1 – *Deus é a suprema e soberana inteligência.*
2 – *Deus é eterno.*
3 – *Deus é imutável.*
4 – *Deus é imaterial.*
5 – *Deus é onipotente.*
6 – *Deus é soberanamente justo e bom.*
7 – *Deus é infinitamente perfeito.*
8 – *Deus é único.*

Toda teoria, todo princípio, todo dogma, que estiver em contradição com um só que seja desses atributos, que tenda não tanto a anulá-lo, mas simplesmente a diminuí-lo, não pode estar com a verdade.

CAPÍTULO 6

CATEGORIAS DO MAL
(Físico ou Moral):

1 – A dos males que o homem pode evitar
2 – A dos que lhe independem da vontade (os flagelos naturais).

O bem e o mal

Sendo Deus o princípio de todas as coisas e sendo todo sabedoria, todo bondade, todo justiça, infinitamente justo e bom nada pode produzir que seja ininteligente, mau e injusto. O mal que observamos não pode ter nele a sua origem.

Entretanto, o mal existe e tem uma causa. Pode dizer-se que o mal é a ausência do bem, como o frio é a ausência do calor. Assim como o frio não é um fluido especial, também o mal não é atributo distinto; um é o negativo do outro. Onde não existe o bem, forçosamente existe o mal. Não praticar o mal, já é um princípio do bem. Deus somente quer o bem; só do homem procede o mal. Se na criação houvesse um ser preposto ao mal, ninguém o poderia evitar; mas, tendo o homem a causa do mal em SI MESMO, tendo simultaneamente o livre-arbítrio e por guia as leis divinas, evitá-lo-á sempre que o queira.

Se o homem se conformasse rigorosamente com as leis divinas, não há duvidar de que se pouparia aos mais agudos males e viveria ditoso na Terra. Se assim procede, é por virtude do seu livre-arbítrio: sofre então as consequências do seu proceder.

É impossível se conceba a Gênese sem os dados que a Ciência fornece, pode dizer-se com inteira verdade que: a Ciência é chamada a constituir a verdadeira Gênese, segundo a lei da natureza.

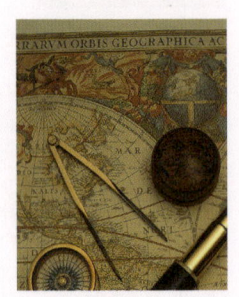

ANTIGOS E MODERNOS SISTEMAS DO MUNDO

Gêneses antigas
A que mais se aproxima dos modernos dados científicos é a de Moisés.

Ano 624-546 antes de J.C., **Tales, de Mileto** (Ásia Menor), descobriu a esfericidade da Terra.

Hiparco, de Alexandria (Egito, 190-120 a.C.), 160 anos antes de J.C., determina o ano trópico, a duração das revoluções da Lua.

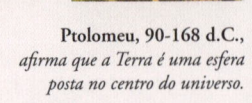

Caldeia, *da Índia e do Egito, o movimento dos astros foi observado com exatidão.*

Pitágoras, de Samos (571-495 A.C), *descobre o movimento diurno da Terra.*

Ptolomeu, 90-168 d.C., *afirma que a Terra é uma esfera posta no centro do universo.*

Uranografia geral

A matéria
Se se observa tão grande diversidade na matéria, é porque, sendo em número ilimitado as forças que hão presidido às suas transformações, também as várias combinações da matéria não podiam deixar de ser ilimitadas.
Não há, em todo o universo, senão uma única substância primitiva; o *cosmo*, ou *matéria cósmica* dos uranógrafos.

As leis e as forças
Há um fluido etéreo que enche o espaço e penetra os corpos.
Esse fluido é o *éter* ou *matéria cósmica* primitiva,
geradora do mundo e dos seres.

Os sóis e os planetas
Num ponto do universo, a matéria cósmica se condensou sob a forma de imensa nebulosa. Em virtude dessas leis, notadamente da força molecular de atração, tomou ela a forma de um esferoide.

Os planetas são, assim, formados de massas de matéria condensada, porém, ainda não solidificada.

Eterna sucessão dos mundos
A eternidade real e efetiva do universo se acha garantida pelas mesmas leis que dirigem as operações
do tempo. Desse modo, mundos sucedem a mundos, sóis a sóis, sem que o imenso mecanismo dos vastos céus jamais seja atingido nas suas gigantescas molas.

A criação universal
A matéria cósmica primitiva continha os elementos materiais, fluídicos e vitais de todos os universos que estadeiam suas magnificências diante da eternidade. Ela é a mãe fecunda de todas as coisas, a primeira avó e, sobretudo, a eterna geratriz. Absolutamente não desapareceu essa substância donde provêm as esferas siderais; não morreu essa potência, pois que ainda, incessantemente, dá à luz novas criações e incessantemente recebe, reconstituídos, os princípios dos mundos que se apagam do livro eterno.

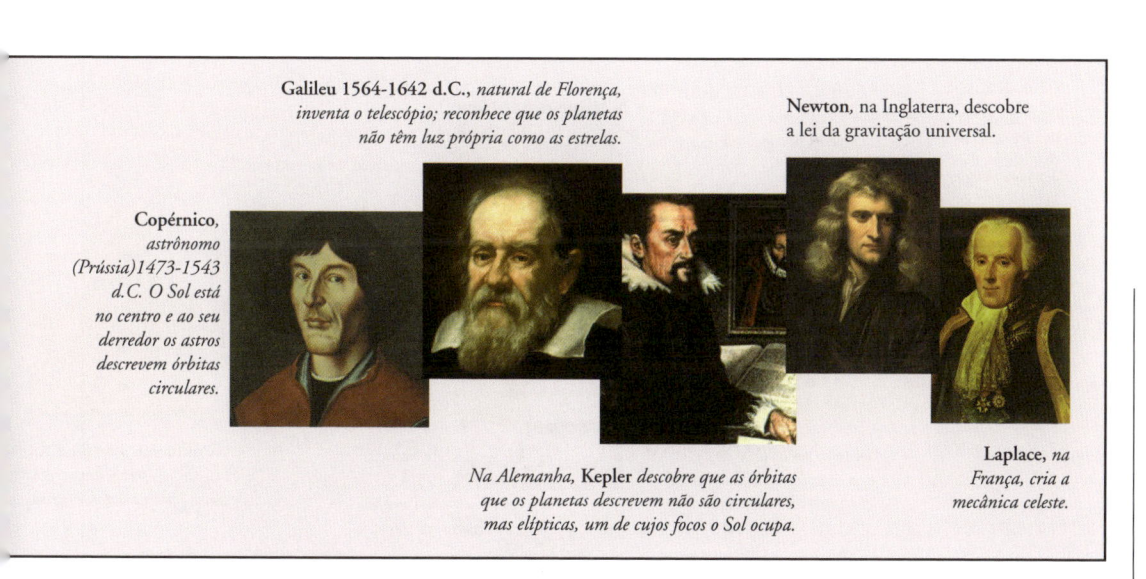

Copérnico, *astrônomo (Prússia)1473-1543 d.C. O Sol está no centro e ao seu derredor os astros descrevem órbitas circulares.*

Galileu 1564-1642 d.C., *natural de Florença, inventa o telescópio; reconhece que os planetas não têm luz própria como as estrelas.*

Na Alemanha, **Kepler** *descobre que as órbitas que os planetas descrevem não são circulares, mas elípticas, um de cujos focos o Sol ocupa.*

Newton, *na Inglaterra, descobre a lei da gravitação universal.*

Laplace, *na França, cria a mecânica celeste.*

85

CAPÍTULO 6

Esboço Geológico da Terra
Períodos Geológicos

A Terra conserva em si os traços evidentes da sua formação. O conjunto desses estudos forma a ciência chamada *Geologia*, ciência que projetou luz sobre a tão controvertida questão da origem do globo. Neste ponto, não há simples hipótese; há o resultado rigoroso da observação dos fatos e, diante dos fatos, nenhuma dúvida se justifica.

A história da formação da Terra está escrita nas camadas geológicas, de maneira bem mais certa do que nos livros preconcebidos, porque é a própria natureza que fala, que se põe a nu, e não a imaginação dos homens a criar sistemas.

Sem as descobertas da Geologia, a Gênese do mundo ainda estaria nas trevas da lenda.

Os seis dias

Sobre alguns pontos, há, sem dúvida, notável concordância entre a Gênese moisaica e a doutrina científica; mas, fora erro acreditar que basta se substituam os seis dias de 24 horas da criação por seis períodos indeterminados, para se tornar completa a analogia. A gênese e a Ciência caminham lado a lado, sendo uma, como se vê, simples paráfrase da outra.

Ciência

I. PERÍODO ASTRONÔMICO
Aglomeração da matéria cósmica universal, num ponto do espaço, em nebulosa que deu origem, pela condensação da matéria em diversos pontos, às estrelas, ao Sol, à Terra, à Lua e a todos os planetas.

1º DIA.
— O Céu e a Terra. — A luz.

II. PERÍODO PRIMÁRIO
Endurecimento da superfície da Terra, pelo resfriamento; formação das camadas graníticas.

2º DIA.
— O firmamento.
— Separação das águas que estão acima do firmamento das que lhe estão debaixo.

III. PERÍODO DE TRANSIÇÃO
As águas cobrem toda a superfície do globo. Vegetação colossal, primeiros animais marinhos.

3º DIA.
— As águas que estão debaixo do firmamento se reúnem; aparece o elemento árido.

IV. PERÍODO SECUNDÁRIO
Superfície da Terra pouco acidentada; plantas lenhosas; primeiras árvores. Peixes e anfíbios.

4º DIA.
— O Sol, a Lua e as estrelas.

V. PERÍODO TERCIÁRIO
Grandes intumescimentos da crosta sólida; formação dos continentes. Retirada dos gigantescos animais terrestres. Pássaros. DILÚVIO UNIVERSAL

5º DIA.
— Os peixes e os pássaros.

VI. PERÍODO QUATERNÁRIO OU PÓS–DILUVIANO
Terrenos de aluvião. — Vegetais e animais da atualidade. — O homem.

6º DIA.
— Os animais terrestres. — O homem.

PRINCÍPIO VITAL

Há, na matéria orgânica, um princípio especial, inapreensível e que ainda não pode ser definido: o *princípio vital*. Ativo no ser vivente, esse princípio se acha *extinto* no ser morto; mas, nem por isso deixa de dar à substância propriedades que a distinguem das substâncias inorgânicas.

O princípio vital está integrado no sistema da unidade do elemento gerador, um estado especial, uma das modificações do fluido cósmico, pela qual este se torne princípio de vida.

Ao se formarem, os seres orgânicos assimilaram o princípio vital, por ser necessário à destinação deles; ou, se o preferirem, que esse princípio se desenvolveu em cada indivíduo, por efeito mesmo da combinação dos elementos.

A atividade do princípio vital é alimentada durante a vida pela ação do funcionamento dos órgãos. Cessada aquela ação, por motivo da morte, o princípio vital *se extingue*.

PRINCÍPIO ESPIRITUAL

O princípio espiritual é corolário da existência de Deus; sem esse princípio, Deus não teria razão de ser, visto que não se poderia conceber a soberana inteligência a reinar, pela eternidade em fora, unicamente sobre a matéria bruta.

O princípio espiritual tem sua fonte de origem no elemento cósmico universal.

Desde que a inteligência e o pensamento não podem ser atributos da matéria, chega-se, remontando dos efeitos à causa, à conclusão de que o elemento material e o elemento espiritual são os dois princípios constitutivos do universo. Individualizado, o elemento espiritual constitui os seres chamados *Espíritos*, como, individualizado, o elemento material constitui os diferentes corpos da natureza, orgânicos e inorgânicos.

Revoluções gerais ou parciais

Os períodos geológicos marcam as fases do aspecto geral do globo, em consequência das suas transformações. Mas, com exceção do período diluviano, que se caracterizou por uma subversão repentina, todos os demais transcorreram lentamente, sem transições bruscas. Uma vez consolidada a base, só se devem ter produzido modificações parciais, na superfície.

A Terra experimentou grande número de perturbações locais, que mudaram o aspecto de certas regiões.

Como no tocante às outras, duas causas contribuíram para essas perturbações: o fogo e a água.

CAPÍTULO 6

Parte II
Os milagres

XIII –	Características dos milagres
XIV –	Os fluidos
XV –	Os milagres do Evangelho

Caracteres dos milagres

A Academia definiu *milagre* deste modo: *Um ato do poder divino contrário às leis da natureza, conhecidas.* Outro caráter do milagre é o ser insólito, isolado, excepcional. Logo que um fenômeno se reproduz, quer espontânea, quer voluntariamente, é que está submetido a uma lei e, já não pode haver milagres.

O Espiritismo vem revelar novas leis e explicar os fenômenos compreendidos na alçada dessas leis.

Esses fenômenos, é certo, se prendem à existência dos Espíritos e à intervenção deles no mundo material e isso é, dizem, em que consiste o sobrenatural.

Como Deus não faz coisas inúteis, o Espiritismo emite a seguinte opinião: Não sendo necessários os milagres para a glorificação de Deus, nada no universo se produz fora do âmbito das leis gerais. Deus não faz milagres, porque, sendo, como são, perfeitas as suas leis, não lhe é necessário derrogá-las. Se há fatos que não compreendemos, é que ainda nos faltam os conhecimentos necessários.

Ação dos Espíritos sobre os fluidos.

Os fluidos espirituais são a atmosfera dos seres espirituais. O elemento donde eles tiram os materiais sobre que operam.

Os Espíritos atuam sobre os fluidos espirituais empregando o pensamento e a vontade. Para os Espíritos, o pensamento e a vontade são o que é a mão para o homem.

1 – Fenômenos Materiais
São da alçada da Ciência propriamente dita, pertencem ao mundo visível.

2 – Fenômenos Espirituais ou psíquicos
Porque se ligam de modo especial à existência dos Espíritos, cabem nas atribuições do Espiritismo. Pertencem ao mundo invisível.

Como, porém, a vida espiritual e a vida corporal se acham incessantemente em contato, os fenômenos das duas categorias muitas vezes se produzem simultaneamente.

Explicação de alguns fenômenos considerados sobrenaturais

O perispírito é o traço de união entre a vida corpórea e a vida espiritual. É por seu intermédio que o Espírito encarnado se acha em relação contínua com os desencarnados; é, em suma, por seu intermédio, que se operam no homem fenômenos especiais, cuja causa fundamental não se encontra na matéria tangível e que, por essa razão, parecem sobrenaturais.

Os fluidos
O fluido cósmico universal é a matéria elementar primitiva, cujas modificações e transformações constituem a inumerável variedade dos corpos da natureza. Ele assume dois estados:

1 – Eterização ou imponderabilidade, que se pode considerar o primitivo estado normal.

2 – Materialização ou de ponderabilidade, que é, de certa maneira, consecutivo àquele.

O ponto intermédio é o da transformação do fluido em matéria tangível.

Allan Kardec para todos

Os milagres do Evangelho

Os fatos que o Evangelho relata e que foram até hoje considerados milagrosos pertencem, na sua maioria, à ordem dos *fenômenos psíquicos*, isto é, dos que têm como causa primária as faculdades e os atributos da alma. O princípio dos fenômenos psíquicos repousa nas propriedades do fluido perispiritual, que constitui o agente magnético; nas manifestações da vida espiritual durante a vida corpórea e depois da morte

A superioridade do Cristo, com relação aos homens não derivava das qualidades particulares do seu corpo, mas das do seu Espírito, que dominava de modo absoluto a matéria e da do seu perispírito, tirado da parte mais quintessenciada dos fluidos terrestres.

Todos os evangelistas narram as aparições de Jesus, após sua morte. Elas se explicam perfeitamente pelas leis fluídicas e pelas propriedades do perispírito e nada de anômalo apresentam em face dos fenômenos do mesmo gênero.

O Espiritismo dá explicação natural à maior parte desses fatos que Jesus produziu. Prova a possibilidade deles, não só pela teoria das leis fluídicas, como pela identidade que apresentam com análogos fatos produzidos.

OS MILAGRES DO EVANGELHO

1 – Sonhos

2 – Estrela dos magos

3 – Dupla vista

4 – Curas

5 – Possessos

6 – Ressurreições

7 – Jesus caminha sobre a água

8 – Transfiguração

9 – Tempestade aplacada

10 – Bodas de Caná

11 – Multiplicação dos pães

12 – Tentação de Jesus

13 – Prodígios por ocasião da morte de Jesus

14 – Aparição de Jesus, após sua morte

15 – Desaparecimento do corpo de Jesus

O maior milagre que Jesus operou, o que verdadeiramente atesta a sua superioridade, foi a revolução que seus ensinos produziram no mundo, malgrado à exiguidade dos seus meios de ação.

O médium é um instrumento de que se servem os Espíritos desencarnados e o Cristo não precisava de assistência, pois que era ele quem assistia os outros. Se algum influxo estranho recebia, esse só de Deus lhe poderia vir. Segundo definição dada por um Espírito, ele era médium de Deus.

CAPÍTULO 6

Parte III
As predições

As predições segundo o Espiritismo

XVI –	Teoria da presciência
XVII –	Predições do Evangelho
XVIII –	São chegados os tempos

De conformidade com o grau de sua perfeição, um Espírito pode abarcar um período de alguns anos, de alguns séculos, ele vê simultaneamente o começo e o fim do período; todos os eventos que constituem o futuro para o homem da Terra são o presente para ele. Ele a vê como o homem da montanha vê o que espera o viajante no curso da viagem.

Durante o sono, como em estado de vigília, nos êxtases da dupla vista, a alma se desprende e adquire, em grau mais ou menos alto, as faculdades do Espírito livre.

Se for um Espírito adiantado, como os profetas, gozará, nos momentos de emancipação da alma, da faculdade de abarcar um período mais ou menos extenso, e verá, como presente, os sucessos desse período.

Muitas vezes, as pessoas dotadas da faculdade de prever, veem os acontecimentos como que desenhados num quadro. Atravessando o pensamento o espaço, um sucesso que esteja no dos Espíritos que trabalham para que ele se dê, ou no dos homens cujos atos devam provocá-lo, pode formar uma imagem para o vidente; mas, como a sua realização pode ser apressada ou retardada por um, concurso de circunstâncias, este último vê o fato, sem poder determinar o momento em que se dará. Não raro acontece que aquele pensamento não passa de um projeto, de um desejo que não se concretiza em realidade, donde os frequentes erros de fato e de data nas previsões.

Nada tem de sobrenatural o dom da predição, ele se funda nas propriedades da alma e na lei das relações do mundo visível com o mundo invisível, que o Espiritismo veio dar a conhecer.

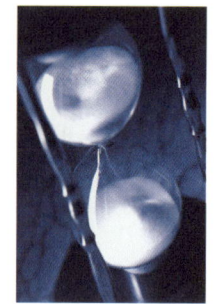

Sinais dos Tempos
São chegados os tempos, marcados por Deus, em que grandes acontecimentos se vão dar para regeneração da humanidade. O de fazerem que entre si reinem a caridade, a fraternidade e a solidariedade, que lhes assegurem o bem-estar moral.

A geração nova
Para que na Terra sejam felizes os homens, preciso é que somente a povoem Espíritos bons, encarnados e desencarnados. Havendo chegado o tempo, grande emigração se verifica dos que a habitam: a dos que praticam o mal pelo mal, *eles* serão excluídos. Irão expiar o endurecimento de seus corações, uns em mundos inferiores, outros em raças terrestres ainda atrasadas. A Terra não terá de transformar-se por meio de um cataclismo. A atual geração desaparecerá gradualmente e a nova lhe sucederá do mesmo modo, sem que haja mudança alguma na ordem natural das coisas.

Predições do Evangelho

Ninguém é profeta em sua terra
Depois da morte, nenhuma comparação mais sendo possível, unicamente o homem espiritual subsiste e tanto maior parece, quanto mais longínqua se torna a lembrança do homem corporal. É por isso que aqueles cuja passagem pela Terra se assinalou por obras de real valor são mais apreciados depois de mortos do que quando vivos.

Morte e paixão de Jesus – Perseguição aos Apóstolos
A faculdade de pressentir as coisas porvindouras é um dos atributos da alma e se explica pela teoria da presciência. Jesus a possuía, como todos os outros, em grau eminente. Tendo consciência da missão que viera desempenhar, sabia que a morte no suplício forçosamente lhe seria a consequência.

Minhas palavras não passarão
As palavras de Jesus não passarão, porque serão verdadeiras em todos os tempos. O que *não passará* é o verdadeiro sentido das palavras de Jesus; o que *passará* é o que os homens construíram sobre o sentido falso que deram a essas mesmas palavras.

A Pedra Angular
A palavra de Jesus se tornou a pedra angular, isto é, a pedra de consolidação do novo edifício da fé, erguido sobre as ruínas do antigo.

Um só rebanho e um só Pastor
Os homens um dia se unirão por uma crença única. Ela se fará pela força das coisas, porque há de tornar-se uma necessidade, para que se estreitem os laços da fraternidade entre as nações; far-se-á pelo desenvolvimento da razão humana, que se tornará apta a compreender a puerilidade de todas as dissidências.

Advento de Elias
Elias já voltara na pessoa de João Batista. Ora, como ele não pode voltar, senão tomando um novo corpo, aí temos a consagração formal do princípio da pluralidade das existências.

Anunciação do Consolador
O *Espiritismo* realiza todas as condições do *Consolador* que Jesus prometeu. A doutrina de Moisés, incompleta, ficou circunscrita ao povo judeu; a de Jesus, se espalhou por toda a Terra, mediante o Cristianismo, mas não converteu a todos; o Espiritismo, ainda mais completo, com raízes em todas as crenças, converterá a humanidade.

Segundo Advento do Cristo
Jesus anuncia o seu segundo advento, mas não diz que voltará à Terra com um corpo carnal. Apresenta-se como tendo de vir em Espírito, a julgar o mérito e o demérito e dar a cada um segundo as suas obras, quando os tempos forem chegados.

Sinais Precursores
Devendo, a prática geral do Evangelho, determinar grande melhora no estado moral dos homens, trará o reinado do bem e acarretará a queda do mal. É o fim do *mundo velho,* do mundo governado pelos preconceitos, pelo orgulho, pelo egoísmo.

Vossos filhos e vossas filhas profetizarão
É a predição inequívoca da vulgarização da mediunidade, que presentemente se revela em indivíduos de todas as idades, de ambos os sexos e de todas as condições.

Juízo Final
O juízo é o processo da emigração de Espíritos a outros planetas. Não há *juízo final* propriamente dito, mas *juízos gerais* em todas as épocas de renovação parcial ou total da população dos mundos.

CAPÍTULO 6

A GÊNESE

Atividades

1. Complete as frases:

a) Para que na Terra sejam felizes os homens, preciso é que somente a povoem ....

b) O .... dá explicação natural à maior parte desses fatos que Jesus produziu.

c) Todos os evangelistas narram as .... de Jesus, após sua morte.

d) A .... e a .... caminham lado a lado, sendo uma, como se vê, simples paráfrase da outra.

e) A Ciência é chamada a constituir a verdadeira .... , segundo a lei da natureza.

---

2. Relacione:

a) Moisés   ..... Segunda Revelação
b) Jesus   ..... Descobre o movimento diurno da Terra.
c) O Espiritismo   ..... Primeira Revelação.
d) Galileu ..... Inventa o telescópio.
e) Pitágoras   ..... Terceira Revelação.

---

3. Responda:

a) Quais são as duas forças que regem o universo?
....

b) O que é o fluido cósmico universal?
....

c) Qual foi o maior milagre que Jesus operou?
....

d) O que é o Juízo Final?
....

e) Quem descobre a lei da gravitação universal?
....

4. Verdadeiro ou Falso:

a) ...... Os homens um dia se unirão por uma crença única.

b) ...... Elias já voltara na pessoa de João Batista.

c) ...... É impossível se conceba a Gênese sem os dados que a Ciência fornece.

d) ...... Ptolomeu, afirmou que a Terra é uma esfera posta no centro do universo.

e) ...... Onde não existe o bem, forçosamente existe o mal.

A solução das atividades está na página 143.

Mensagem

A o demonstrar a existência do mundo espiritual e suas relações com o mundo material, o Espiritismo fornece a explicação de uma imensidade de fenômenos incompreendidos e, por isso mesmo, considerados inadmissíveis por parte de certa classe de pensadores. Embora as Escrituras estejam repletas de tais fatos, seus comentadores não conseguiram chegar a uma solução racional, visto desconhecerem a lei que os rege. É que giravam sempre dentro do mesmo círculo de ideias e em campos opostos, uns menosprezando os dados positivos da Ciência, outros não levando em conta o princípio espiritual.

Essa solução se encontra na ação recíproca do espírito e da matéria. É verdade que ela tira à maioria de tais fatos o caráter de sobrenaturais. Porém, o que vale mais: admiti-los como resultado das leis da natureza ou rejeitá-los completamente? A rejeição pura e simples acarreta a negação da própria base do edifício, ao passo que, admitidos a esse título, apenas suprimindo os acessórios, deixa intacta a base. É por isso que o Espiritismo conduz tantas pessoas à crença em verdades que elas antes consideravam meras utopias.

Esta obra é, pois, como já o dissemos, um complemento das aplicações do Espiritismo, de um ponto de vista especial. Os materiais se achavam prontos, ou, pelo menos, elaborados desde longo tempo, mas ainda não chegara o momento de serem publicados. Era preciso, primeiramente, que as ideias destinadas a lhes servirem de base houvessem chegado à maturidade e, além disso, que se levasse em conta a oportunidade das circunstâncias. O Espiritismo não tem mistérios nem teorias secretas; tudo nele deve ser dito com clareza, a fim de que todos o possam julgar com conhecimento de causa. Cada coisa, entretanto, tem de vir a seu tempo, para vir com segurança. Uma solução dada precipitadamente, antes da elucidação completa da questão, seria antes causa de atraso do que de avanço. Na de que aqui tratamos, a importância do assunto nos impunha o dever de evitar qualquer precipitação.

A Gênese
Allan Kardec

CAPÍTULO 7

Obras Póstumas

CAPÍTULO 7

Obras
Póstumas

Biografia de Allan Kardec
Discurso pronunciado junto ao túmulo de Allan Kardec por Camille Flammarion
Primeira Parte
Segunda Parte

O bra publicada após a desencarnação de Allan Kardec, apresenta, no começo, bem escrita biografia do codificador, seguida de discurso que Camille Flamarion pronunciou quando do seu sepultamento.

Reunindo importantes registros deixados por Allan Kardec, acerca de pontos doutrinários e fundamentação do Espiritismo, divide-se este trabalho em duas grandes partes:

1 – **A primeira** aborda assuntos como:

a) Caráter e consequências religiosas das manifestações dos Espíritos.

b) As cinco alternativas da humanidade.

c) Questões e problemas — *As expiações coletivas.*

Liberdade, igualdade, fraternidade

d) A morte espiritual.

e) A vida futura.

2 – **A segunda** inclui apontamentos em torno da iniciação espírita e o roteiro missionário de Kardec, assim como uma exposição de motivos, apresentada na *Constituição do Espiritismo*, como precioso legado do mestre lionês às sociedades espíritas do futuro.

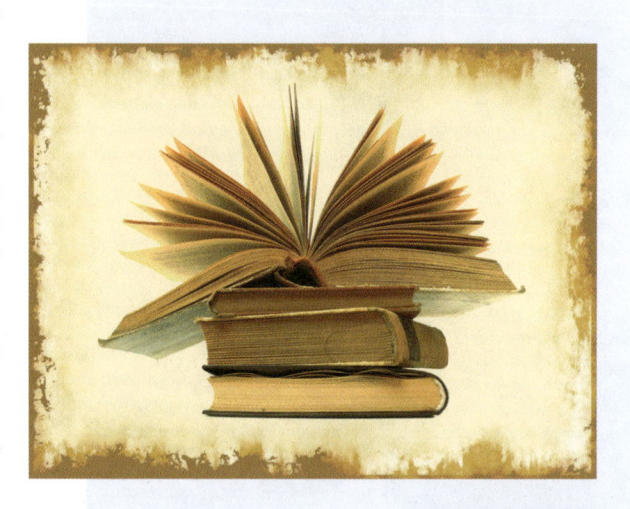

Camille Flammarion *(1842–1925), famoso astrônomo francês soma-se às fileiras espíritas, amigo de Allan Kardec, a quem chamou "o bom senso encarnado".*

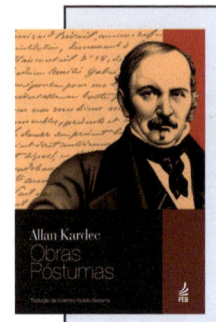

Nome completo: *Obras póstumas*

Data: 1890

Lugar: Paris, França

Autor: Allan Kardec

Discurso pronunciado junto ao túmulo de Allan Kardec por Camille Flammarion

Senhores:

Morto na idade de 65 anos, Allan Kardec consagrara a primeira parte de sua vida a escrever obras clássicas, elementares. Quando, pelo ano de 1855, as manifestações das mesas girantes começaram a prender a atenção pública com uma espécie de febre, Allan Kardec acompanhou com a maior paciência as experimentações que então se faziam em Paris.

Recolheu e pôs em ordem os resultados conseguidos dessa longa observação e com eles compôs o corpo de doutrina que publicou em 1857, na primeira edição de *O livro dos espíritos*. Todos sabeis que êxito alcançou essa obra, na França e no estrangeiro.

Depois dessa primeira obra apareceram, sucessivamente, *O livro dos médiuns*, ou *Espiritismo experimental*; *O que é o espiritismo*; *O evangelho segundo o espiritismo*; *O céu e o inferno*; *A gênese*. A morte o surpreendeu no momento em que, com a sua infatigável atividade, trabalhava noutra sobre as relações entre o Magnetismo e o Espiritismo.

Pela *Revista Espírita* e pela Sociedade de Paris, cujo presidente ele era, se constituíra, de certo modo, o centro a que tudo ia ter, o traço de união de todos os experimentadores.

Ele era o que eu denominarei simplesmente "o bom senso encarnado". Razão reta e judiciosa, aplicava sem cessar à sua obra permanente as indicações íntimas do senso comum.

Voltaste a esse mundo donde viemos e colhes o fruto de teus estudos terrestres. Aos nossos pés dorme o teu envoltório, extinguiu-se o teu cérebro, fecharam-se-te os olhos para não mais se abrirem, não mais ouvida será a tua palavra...

Sabemos que todos havemos de mergulhar nesse mesmo último sono. Tomba o corpo, a alma permanece e retorna ao Espaço. Encontrar-nos-emos num mundo melhor e no céu imenso onde usaremos das nossas mais preciosas faculdades, onde continuaremos os estudos para cujo desenvolvimento a Terra é teatro por demais acanhado.

Até à vista, meu caro Allan Kardec, até à vista!

TORNE SUA A BANDEIRA DO CODIFICADOR DO ESPIRITISMO

**TRABALHO
SOLIDARIEDADE
TOLERÂNCIA**

Em sua bandeira, Allan Kardec havia inscrito estas palavras: **Trabalho, solidariedade, tolerância.** Sejamos, como ele, infatigáveis; sejamos, de conformidade com os seus anseios, tolerantes e solidários e não temamos seguir-lhe os exemplos.

Allan Kardec era incisivo, conciso, profundo, sabia agradar e se fazer compreendido numa linguagem simples e elevada ao mesmo tempo, tão distanciada do estilo familiar, quanto das obscuridades da metafísica.

CAPÍTULO 7

Parte I
Caráter e consequências religiosas das manifestações dos Espíritos

As almas ou Espíritos dos que aqui viveram constituem o mundo invisível que povoa o espaço e no meio do qual vivemos. Daí resulta que, desde que há homens, há Espíritos e que, se estes últimos têm o poder de manifestar-se, devem tê-lo tido em todas as épocas. É o que comprovam a história e as religiões de todos os povos.

Atuando sobre a matéria, podem os Espíritos manifestar-se de muitas maneiras diferentes:

I – Manifestações visuais

Por sua natureza e em seu estado normal, o perispírito é invisível. Pode sofrer modificações que o tornam perceptível à vista. Pode adquirir as propriedades de um corpo sólido e retomar instantaneamente seu estado etéreo e invisível.

II – Transfiguração. Invisibilidade

O perispírito das pessoas vivas goza das mesmas propriedades que o dos Espíritos. Pode suceder que ele sofra uma transformação análoga à já descrita: a forma real e material do corpo se desvanece sob aquela camada fluídica e toma por momentos uma aparência inteiramente diversa, mesmo a de outra pessoa ou a do Espírito que combina seus fluidos com os do indivíduo.

III – Emancipação da Alma

Durante o sono, apenas o corpo repousa; o Espírito, esse não dorme; aproveita-se do repouso do primeiro para atuar isoladamente e ir aonde quiser, no gozo então da sua liberdade e da plenitude das suas faculdades. Qualquer que seja a distância a que se transporte, conserva-se preso por um laço fluídico que serve para fazê-lo voltar à prisão corpórea. Esse laço só a morte o rompe.

IV – Aparição de pessoas vivas. Bicorporeidade

Enquanto o corpo se acha mergulhado em sono, o Espírito, transportando-se a diversos lugares, pode tornar-se visível e aparecer sob forma vaporosa, quer em sonho, quer em estado de vigília. Pode apresentar-se sob forma tangível, ou, pelo menos, com uma aparência tão idêntica à realidade, que possível se torna a muitas pessoas estar com a verdade, ao afirmarem tê-lo visto ao mesmo tempo em dois pontos diversos.

Profissão de fé espírita raciocinada

1 – DEUS
Há um Deus, inteligência suprema, causa primeira de todas as coisas.

2 – A ALMA
Há no homem um princípio inteligente a que se chama ALMA ou ESPÍRITO, independente da matéria, e que lhe dá o senso moral e a faculdade de pensar.

3 – CRIAÇÃO
Deus é o Criador de todas as coisas.

V – Médiuns

Toda pessoa que, num grau qualquer, experimente a influência dos Espíritos é, por esse simples fato, médium.

Contudo, só se aplica àqueles em quem a faculdade mediúnica se manifesta por efeitos ostensivos, de certa intensidade.

VI – Obsessão e possessão

A obsessão consiste no domínio que os maus Espíritos assumem sobre certas pessoas, com o objetivo de as escravizar e submeter à vontade deles, pelo prazer que experimentam em fazer o mal.

Na subjugação, vulgarmente conhecida como possessão, o indivíduo tem muitas vezes consciência de que o que faz é ridículo, mas é forçado a fazê-lo, tal como se um homem mais vigoroso o obrigasse a mover.

Homens duplos e aparições de pessoas vivas

O Espírito, isolando-se de um corpo vivo, pode, com auxílio do seu envoltório fluido perispirítico, aparecer em lugar diferente do em que está o corpo material. Essa separação somente durante o sono se dá, ou, durante a inatividade dos sentidos corpóreos.

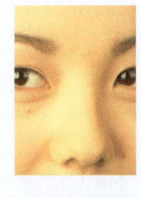

A segunda vista

A faculdade de verem além do limite dos sentidos; de perceberem as coisas ausentes, por onde quer que a alma estenda a sua ação; veem, se nos podemos servir desta expressão, através da vista ordinária, apresentando-se os quadros que descrevem e os fatos que narram como efeitos de uma miragem.

Causa e natureza da clarividência sonambúlica

Na visão a distância, o sonâmbulo não distingue um objeto ao longe, como o faríamos nós com o auxílio de uma luneta. Não é que o objeto, por uma ilusão de ótica, se aproxime dele, ele é que se aproxima do objeto. O sonâmbulo vê o objeto exatamente como se este se achasse a seu lado; vê-se a si mesmo no lugar que ele observa; numa palavra: transporta-se para esse lugar.

Fotografia e telegrafia do pensamento

Criando imagens fluídicas, o pensamento se reflete no envoltório perispirítico como num espelho, de certo modo fotografando-se. Se um homem tiver a ideia de matar alguém, seu corpo fluídico é acionado por essa ideia e a reproduz com todos os matizes. Seu pensamento cria a imagem da vítima e a cena inteira se desenha, como num quadro.

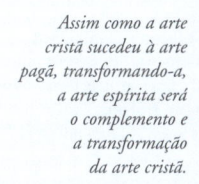

Assim como a arte cristã sucedeu à arte pagã, transformando-a, a arte espírita será o complemento e a transformação da arte cristã.

Por não os terem os homens compreendido, é que a *Bíblia* e os Evangelhos apresentam tantas passagens obscuras e que foram interpretadas em sentidos diferentes. O Espiritismo traz a chave que lhes facilitará a inteligência.

Para o materialista, a realidade é a Terra; seu corpo é tudo, não pode com a linguagem da arte, exprimir senão o que vê e sente. O Espiritismo abre à arte um campo novo, quando o artista houver de reproduzir com convicção o mundo espírita, haurirá nessa fonte as mais sublimes inspirações, porque, às preocupações de ordem material e efêmeras da vida presente, sobreporá o estado da vida futura e eterna da alma.

CAPÍTULO 7

Estudo sobre a natureza do Cristo

A questão da natureza do Cristo foi debatida desde os primeiros séculos do Cristianismo e pode-se dizer que ainda não se acha solucionada, pois que continua a ser objeto de discussão.

Os milagres provam a divindade do Cristo?

Segundo a Igreja, a divindade do Cristo está firmada pelos milagres, que testemunham um poder sobrenatural.

A possibilidade da maioria dos fatos que o Evangelho cita como operados por Jesus, chamados de milagres, se acha hoje completamente demonstrada pelo Magnetismo e pelo Espiritismo, como fenômenos naturais.

As palavras de Jesus provam a sua divindade?

O dogma da divindade de Jesus se baseou na igualdade absoluta entre a sua pessoa e Deus, pois que ele próprio é Deus.

Não só Jesus não se deu, em nenhuma circunstância, por igual a Deus, como se considera inferior a Deus em bondade. Ora, declarar que Deus lhe está acima, pelo poder e pelas qualidades morais, é dizer que ele não é Deus.

A música celeste
Trata-se de música do céu, é muito mais bela do que a da Terra. Os Espíritos acham-na muito superior. O homem encarnado que puder desprender-se do corpo adormecido, se seu Espírito for admitido nas regiões etéreas, ficaria em êxtase produzido pela impressão da harmonia celeste. É a música das regiões mais elevadas do mundo espiritual.

Música espírita
As três grandes concepções do Espírito:

1 – A harmonia, a primeira o arrebata.
2 – A ciência, o esclarece.
3 – A virtude, o eleva.

Possuídas em toda a plenitude, elas se confundem e constituem a pureza.

O Espiritismo terá influência sobre a música. Seu advento transformará a arte, depurando-a. Sua origem é divina, sua força o levará a toda parte onde haja homens para amar, para elevar-se e para compreender. Ele se tornará o ideal e o objetivo dos artistas.

Teoria da beleza
A beleza real consiste na forma que mais afastada se apresenta da animalidade e que melhor reflete a superioridade intelectual e moral do Espírito. Influindo o moral sobre o físico, que ele apropria às suas necessidades físicas e morais, segue-se:

1– O tipo da beleza consiste na forma mais própria à expressão das mais altas qualidades morais e intelectuais;

2– À medida que o homem se elevar moralmente, seu envoltório se irá avizinhando do ideal da beleza, que é a beleza angélica.

As cinco alternativas da humanidade

I – MATERIALISTA
A inteligência do homem é uma propriedade da matéria; nasce e morre com o organismo.
Consequências:
Os gozos materiais são as únicas coisas reais e desejáveis; as afeições morais carecem de futuro; os laços morais a morte os quebra sem remissão e para as misérias da vida não há compensação.

II – PANTEÍSTA
O princípio inteligente, independente da matéria, é extraído, ao nascer, do todo universal; individualiza-se em cada ser durante a vida e volta, por efeito da morte, à massa comum.
Consequências:
Sem individualidade e sem consciência de si mesmo, o ser é como se não existisse. As consequências morais desta doutrina são exatamente as mesmas que as da doutrina materialista.

III – DEÍSTA
Os deístas independentes
Deus estabeleceu as leis do universo; mas, essas leis funcionam por si sós e Deus de mais nada se ocupa. Enquanto uns negam o poder de Deus, outros consentem em reconhecer-lhe a existência, embora condenando-a à nulidade.

Os deístas providencialistas
Crê não só na existência e no poder criador de Deus, como também crê na sua intervenção incessante na criação e a ele ora, mas não admite o culto exterior e o dogmatismo atual.

IV – DOGMÁTICA
A alma é criada por ocasião do nascimento do ser; sobrevive e conserva a individualidade após a morte. Sendo os maus condenados a castigos perpétuos no inferno. Os bons são recompensados com a visão de Deus e a contemplação perene no céu. Os casos que possam merecer o céu ou o inferno, por toda a eternidade, são deixados à decisão e ao juízo de homens falíveis, aos quais é dada a faculdade de absolver ou condenar.

V – ESPÍRITA
O princípio inteligente independe da matéria.
A alma individual preexiste e sobrevive ao corpo. O ponto de partida ou de origem é o mesmo para todas as almas; todas são criadas simples e ignorantes e sujeitas a progresso indefinido. Progridem mediante o uso do livre-arbítrio, pelo trabalho e pela boa vontade.
A vida espiritual é a vida normal; a vida corpórea é uma fase temporária da vida do Espírito.
Retoma um corpo tantas vezes quantas lhe forem necessárias e de cada vez encarna com o progresso que haja realizado em suas existências precedentes e na vida espiritual.

A morte espiritual
Cada existência corpórea é para o Espírito, um meio de progredir, seu envoltório fluídico se depura; torna-se mais leve, mais brilhante e mais tarde resplandecerá. É quase um novo Espírito. Morreu o Espírito velho, mas o eu é sempre o mesmo. É assim que convém se entenda a morte espiritual.

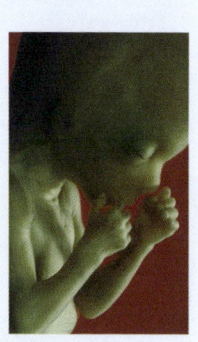

O egoísmo e o orgulho
A maior parte das misérias da vida tem origem no egoísmo dos homens. O egoísmo, se origina do orgulho. A exaltação da personalidade leva o homem a considerar-se acima dos outros.

A vida futura
Se o homem se preocupa com o dia seguinte, é porque a vida do dia seguinte se liga intimamente à vida do dia anterior; uma e outra são solidárias; tal tem de ser para ele a vida futura, quando esta for uma atualidade palpável, complemento necessário da vida presente, uma das fases da vida geral. O homem verá na vida futura, não um efeito distante, mas atual. Essa crença exercerá ação preponderante sobre o estado social e sobre a moralização da humanidade.

CAPÍTULO 7

Parte II
A minha iniciação no Espiritismo

*A 11 de dezembro de 1855 pela médium: Sra. Baudin foi revelado o Espírito protetor de Allan Kardec com o nome: **A Verdade** — Foi na Terra um homem justo de muita sabedoria.*

Foi em 1854 que pela primeira vez ouvi falar das mesas girantes. Foi nessas reuniões que comecei os meus estudos sérios de Espiritismo. Apliquei a essa nova ciência, o método experimental; nunca elaborei teorias preconcebidas; observava cuidadosamente, não admitindo por válida uma explicação, senão quando resolvia todas as dificuldades da questão.

Percebi, naqueles fenômenos, a chave do problema tão obscuro da humanidade, a solução que eu procurara em toda a minha vida. Quando vi que aquilo constituía um todo e ganhava as proporções de uma doutrina, tive a ideia de publicar os ensinos recebidos, para instrução de toda a gente.

Foram aquelas mesmas questões que, sucessivamente desenvolvidas e completadas, constituíram a base de *O livro dos espíritos*.

No ano seguinte, em 1856, estava concluído o meu trabalho, porém, fazia questão de submetê-lo ao exame de outros Espíritos, com o auxílio de mais de dez médiuns diferentes. Da comparação e da fusão de todas as respostas, foi que elaborei a primeira edição de *O livro dos espíritos*, entregue à publicidade em 18 de abril de 1857.

Primeira revelação da minha missão
30 de abril de 1856

Numa dessas sessões, o médium espontaneamente escreveu isto:

"Quando o bordão soar, abandoná-lo-eis; apenas aliviareis o vosso semelhante; individualmente o magnetizareis, a fim de curá-lo. Depois, cada um no posto que lhe foi preparado, porque de tudo se fará mister, pois que tudo será destruído, ao menos temporariamente. Deixará de haver religião e uma se fará necessária, mas verdadeira, grande, bela e digna do Criador... Seus primeiros alicerces já foram colocados... Quanto a ti, Rivail, a tua missão é aí. A ti, M..., a espada que não fere, porém mata; contra tudo o que é, serás tu o primeiro a vir. Ele, Rivail, virá em segundo lugar: é o obreiro que reconstrói o que foi demolido."

Meu Espírito Protetor
Pergunta (Ao Espírito Z.) – No mundo dos Espíritos algum haverá que seja para mim um bom gênio?
Resposta – *Sim.*
P. – Quem foi ele na Terra?
R.– *Um homem justo de muita sabedoria.*
P. – Que devo fazer, para lhe granjear a benevolência?
R.– *Todo o bem possível.*
P. – Por que sinais poderei reconhecer a sua intervenção?
R.– *Pela satisfação que experimentarás.*
P. – Terei algum meio de o invocar e qual esse meio?
R.– *Ter fé viva e chamá-lo com instância.*
P. – Reconhecê-lo-ei, depois da minha morte, no mundo dos Espíritos?
R.– *Sobre isso não pode haver dúvida; será ele quem virá receber-te e felicitar-te, se houveres desempenhado bem a tua tarefa.*

Regeneração da humanidade
A Terra, não será transformada por um cataclismo que aniquile de súbito uma geração. A atual desaparecerá gradualmente e a nova lhe sucederá. A época atual é a da transição; os elementos das duas gerações se confundem. O Espiritismo é a senda que conduz à renovação, porque destrói os dois maiores obstáculos que se opõem a essa renovação: a incredulidade e o fanatismo.

Revelação da Missão
12 de junho de 1856

Allan Kardec recebeu do *Espírito Verdade* diversas recomendações:

Nunca, pois, fales da tua missão; seria a maneira de a fazeres malograr-se. Se a cumprires, os homens saberão reconhecê-lo, cedo ou tarde.

Previno-te de que é rude a tua, porquanto se trata de abalar e transformar o mundo inteiro.

Não suponhas que te baste publicar um livro, dois livros, dez livros, para em seguida ficares tranquilamente em casa. Tens que expor a tua pessoa. Suscitarás contra ti ódios terríveis; inimigos encarniçados se conjurarão para tua perda. Não basta a inteligência. Faz-se mister, humildade, modéstia e desinteresse.

Vês, assim, que a tua missão está subordinada a condições que dependem de ti.

Eu – Espírito Verdade, agradeço os teus sábios conselhos.

Aceito tudo, sem restrição e sem ideia preconcebida.

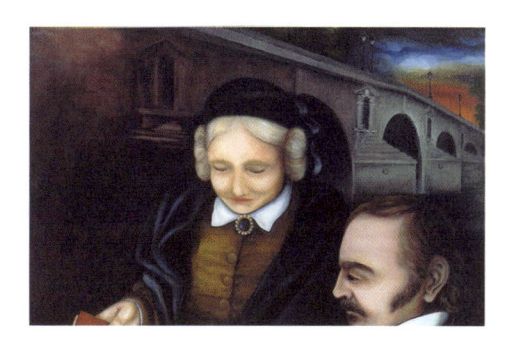

Senhor! pois que te dignaste lançar os olhos sobre mim para cumprimento dos teus desígnios, faça-se a tua vontade! Está nas tuas mãos a minha vida; dispõe do teu servo.

Reconheço a minha fraqueza diante de tão grande tarefa; a minha boa vontade não desfalecerá, as forças, porém, talvez me traiam. Supre a minha deficiência; dá-me as forças físicas e morais que me forem necessárias. Ampara-me nos momentos difíceis e, com o teu auxílio e dos teus celestes mensageiros, tudo envidarei para corresponder aos teus desígnios.

Futuro do Espiritismo
O Espiritismo é chamado a desempenhar imenso papel na Terra. Ele reformará a legislação ainda tão frequentemente contrária às leis divinas; retificará os erros da História; restaurará a religião do Cristo; instituirá a verdadeira religião, a religião natural, a que parte do coração e vai diretamente a Deus. Extinguirá para sempre o ateísmo e o materialismo.

CAPÍTULO 7

O LIVRO DOS ESPÍRITOS

"Compreendeste bem o objetivo do teu trabalho. O plano está bem concebido. Estamos satisfeitos contigo. Continua; mas, lembra-te, sobretudo quando a obra se achar concluída, de que te recomendamos que a mandes imprimir e propagar. É de utilidade geral. Estamos satisfeitos e nunca te abandonaremos. Crê em Deus e avante."

A REVISTA ESPÍRITA

A ideia é boa, publicar um primeiro número como ensaio, mas um só número não bastará; entretanto, é conveniente e mesmo necessário, para abrir caminho.

Será preciso que lhe dispenses muito cuidado, a fim de assentares as bases de um bom êxito durável.

A apresentá-lo defeituoso, melhor será nada fazer, porquanto a primeira impressão pode decidir do seu futuro. De começo, deves cuidar de satisfazer à curiosidade; reunir o sério ao agradável: o sério para atrair os homens de Ciência, o agradável para deleitar o vulgo. Esta parte é essencial, porém a outra é mais importante, visto que sem ela o jornal careceria de fundamento sólido. Em suma, é preciso evitar a monotonia por meio da variedade, congregar a instrução sólida ao interesse que, para os trabalhos ulteriores, será poderoso auxiliar.

IMITAÇÃO DO EVANGELHO

Esse título foi, a princípio: *Imitação do evangelho*. Mais tarde, mudei-o para o de *O evangelho segundo o espiritismo*.

Esse livro de doutrina terá considerável influência, pois que explanas questões capitais, e não só o mundo religioso encontrará nele as máximas que lhe são necessárias, como também a vida prática das nações haurirá dele instruções excelentes.

Aproxima-se a hora em que te será necessário apresentar o Espiritismo qual ele é, mostrando a todos onde se encontra a verdadeira doutrina ensinada pelo Cristo. Aproxima-se a hora em que, à face do céu e da Terra, terás de proclamar que o Espiritismo é a única tradição verdadeiramente cristã e a única instituição verdadeiramente divina e humana.

Ao te escolherem, os Espíritos conheciam a solidez das tuas convicções e sabiam que a tua fé, qual muro de aço, resistiria a todos os ataques.

Coragem, pois, e que a tua obra se complete. Conta conosco e conta sobretudo com a grande alma do Mestre de todos nós, que te protege de modo muito particular.

A Igreja

É chegada a hora em que a Igreja tem de prestar contas do depósito que lhe foi confiado, da maneira por que pratica os ensinos do Cristo, do uso que fez da sua autoridade, enfim, do estado de incredulidade a que levou os espíritos.

Projeto – 1868

Um dos maiores obstáculos capazes de retardar a propagação da Doutrina seria a falta de unidade. O único meio de evitá-la, é formulá-la em todas as suas partes com precisão e clareza.

Somente o Espiritismo, bem entendido e bem compreendido, pode remediar esse estado de coisas e tornar-se, conforme disseram os Espíritos, a grande alavanca da transformação da humanidade

Dois elementos hão de concorrer para o progresso do Espiritismo: o estabelecimento teórico da Doutrina e os meios de a popularizar.

Estabelecimento Central

O mais urgente seria prover a Sociedade de um local convenientemente situado e disposto para as reuniões e recepções. Sem lhe dar um luxo desnecessário, precisaria que nada aí denotasse penúria, mas apresentasse um aspecto tal, que as pessoas de distinção pudessem estar lá sem se considerarem muito diminuídas.

Ensino Espírita

Um curso regular de Espiritismo seria professado com o fim de desenvolver os princípios da Ciência e de difundir o gosto pelos estudos sérios. Esse curso teria a vantagem de fundar a unidade de princípios, de fazer adeptos esclarecidos, capazes de espalhar as ideias espíritas e de desenvolver grande número de médiuns. Considero esse curso como de natureza a exercer capital influência sobre o futuro do Espiritismo e sobre suas consequências.

Publicidade

Uma publicidade em larga escala, feita nos jornais de maior circulação, levaria ao mundo inteiro, até às localidades mais distantes, o conhecimento das ideias espíritas, despertaria o desejo de aprofundá-las e, multiplicando-lhes os adeptos, imporia silêncio aos detratores, que logo teriam de ceder, diante do ascendente da opinião geral.

Viagens

Dois ou três meses do ano seriam consagrados a viagens, em visita aos diferentes centros e a lhes imprimir boa direção.
Se os recursos o permitissem, instituir-se-ia uma caixa para custear as despesas de viagem de certo número de missionários, esclarecidos e talentosos, que seriam encarregados de espalhar a Doutrina.

A constituição do Espiritismo

Em se achando organizado o Espiritismo pela constituição da comissão central, nossas obras se tornarão propriedade do Espiritismo, na pessoa dessa mesma comissão, que as gerirá e cuidará da publicação delas, pelos meios mais apropriados a popularizá-las. Ela também deverá cuidar de que sejam traduzidas nas principais línguas estrangeiras.

CAPÍTULO 7

Atividades

1. Complete as frases:

a) A maior parte das misérias da vida tem origem no .... dos homens.

b) Há no homem um princípio inteligente a que se chama ALMA ou ....

c) A .... será o complemento e a transformação da arte cristã.

d) Um dos maiores obstáculos capazes de retardar a propagação da Doutrina seria a falta de ....

e) Dois elementos hão de concorrer para o progresso do Espiritismo: o estabelecimento .... da Doutrina e os meios de a ....

2. Relacione:

a) Camille Flammarion   ..... Espírito protetor de Allan Kardec.
b) Allan Kardec   ..... Para ele a realidade é a Terra.
c) A verdade   ..... Famoso astrônomo francês.
d) O materialista   ..... O bom senso encarnado.
e) Sr. Fortier   ..... Magnetizador.

3. Responda:

a) Quais são as palavras da bandeira de Allan Kardec?
....

b) O que é a música celeste?
....

c) Quem foi o Espírito guia de Allan Kardec?
....

d) A quem se aplica o nome médium?
....

e) Quem realizou o discurso pronunciado junto ao túmulo de Allan Kardec?
....

4. Verdadeiro ou Falso:

a) ..... A Terra será transformada por um cataclismo que aniquile de súbito uma geração.

b) ..... O egoísmo se origina do orgulho.

c) ..... Foi em 1855 que pela primeira vez Allan Kardec ouviu falar das mesas girantes.

d) ..... O Espiritismo extinguirá para sempre o ateísmo e o materialismo.

e) ..... O Espiritismo terá influência sobre a música.

A solução das atividades está na página 143.

Mensagem

Pergunta (à Verdade) – Acabo de receber uma carta de Marselha em que me dizem que, no seminário dessa cidade, estão estudando seriamente o Espiritismo e *O livro dos espíritos*. Que se deve prognosticar desse fato? Será que o clero toma a coisa a peito?

Resposta – Não podes duvidar disso. Ele a toma muito a peito, porque lhe prevê as consequências e grandes são as suas apreensões. Principalmente a parte esclarecida do clero estuda o Espiritismo mais do que o supões; não creias, porém, que seja por simpatia; ao contrário, é à procura de meios para combatê-lo e eu te asseguro que a guerra que ele lhe fará será rude. Não te preocupes com isso; continua a agir com prudência e circunspeção; mantém-te em guarda contra as ciladas que te armarão; evita cuidadosamente em tuas palavras e nos teus escritos tudo o que possa fornecer armas contra ti. Prossegue em teu caminho sem temor; embora ele esteja semeado de espinhos, eu te garanto que terás grandes satisfações, antes de voltares para junto de nós "por um pouco".

P. – Que queres dizer por essas palavras: "por um pouco"?

R. – Quero dizer que não permanecerás longo tempo entre nós. Terás que voltar à Terra para concluir a tua missão, que não podes terminar nesta existência. Se fosse possível, absolutamente não sairias daí; mas, é preciso que se cumpra a lei da natureza. Ausentar-te-ás por alguns anos e, quando voltares, será em condições que te permitam trabalhar desde cedo. Entretanto, há trabalhos que convém que os termines antes de partires; por isso, dar-te-emos o tempo que for preciso para concluí-los.

Obras póstumas
ALLAN KARDEC

CAPÍTULO 8

OUTRAS OBRAS

CAPÍTULO 8

O que é o Espiritismo

I – O Espiritismo na sua expressão mais simples

II – Resumo da lei dos fenômenos espíritas

R espostas a algumas perguntas dirigidas sob a forma de diálogos:

1 – Encerra respostas às observações mais comumente feitas por aqueles que desconhecem os princípios fundamentais da Doutrina.

2 – Damos uma exposição sumária das partes da ciência prática e experimental. É um resumo de *O livro dos médiuns*.

3 – Publicamos um resumo de *O livro dos espíritos*, com a solução, apontada pela Doutrina Espírita.

Estes resumos não somente são úteis aos principiantes, senão, também, aos adeptos.

O Espiritismo é, ao mesmo tempo, uma ciência de observação e uma doutrina filosófica. Como ciência prática ele consiste nas relações que se estabelecem entre nós e os espíritos; como filosofia, compreende todas as consequências morais que dimanam dessas mesmas relações.

O Espiritismo é uma ciência que trata da natureza, origem e destino dos Espíritos, bem como de suas relações com o mundo corporal.

SOLUÇÃO DE ALGUNS PROBLEMAS PELA DOUTRINA ESPÍRITA

Pluralidade dos mundos
Todos os mundos são povoados. Seus habitantes, na forma geral, podem ser semelhantes aos da Terra, mas o organismo deve ser adaptado ao meio em que eles têm de viver.

Da alma
A alma não está, como geralmente se crê, localizada num ponto particular do corpo; ela forma com o perispírito um conjunto fluídico, penetrável, assimilando-se ao corpo inteiro.

O homem durante a vida terrena
Desde a concepção, o Espírito, ainda que errante, está, por um cordão fluídico, preso ao corpo com o qual se deve unir.

O homem depois da morte
Os laços que prendem a alma ao corpo não se rompem senão aos poucos, e tanto menos rapidamente quanto mais a vida foi material e sensual.

Nome completo: *O que é o Espiritismo*

Complemento: Noções elementares do mundo invisível, pelas manifestações dos espíritos, com o resumo dos princípios da Doutrina Espírita e resposta às principais objeções que podem ser apresentadas.

Data: Julho de 1859

Lugar: Paris, França

Autor: Allan Kardec

O CRÍTICO

Recusa em admitir a realidade dos fenômenos espíritas. Afirma curvar-se diante da evidência, se tivesse provas.
Recomendação de Allan Kardec:
Instruí-vos primeiramente pela teoria, lede e meditai as obras que tratam dessa ciência; nelas aprendereis os princípios, encontrareis a descrição de todos os fenômenos, compreendereis a possibilidade deles pela explicação que elas vos darão, então, quando se vos apresentar a ocasião de observar, compreendereis, qualquer que seja a ordem em que os fatos se mostrem, porque nada vereis de estranho.

O CÉTICO

Não é a favor nem contra o Espiritismo. Afirma existir argumentos contraditórios, e com objeções que parecem de certo valor.
A. K. – O Espiritismo é uma ciência que acaba de nascer e da qual resta ainda muito a aprender; não poderei dizer mais do que sei. O erro de todos está em crerem que a fonte do Espiritismo é uma só, e que se baseia na opinião de um só homem; daí a ideia de que poderão arruiná-lo, refutando essa opinião; a fonte do Espiritismo se acha em toda parte, porque não há lugar em que os Espíritos se não possam manifestar.

O PADRE

Julga dever condená-la e combatê-la, contra o que ela considera erro. Afirma que a religião ensina tudo e até agora foi suficiente.
A. K. – O Espiritismo tem por fim combater a incredulidade e suas funestas consequências, fornecendo provas patentes da existência da alma e da vida futura; ele se dirige, pois, àqueles que em nada creem ou que de tudo duvidam. O Espiritismo não se impõe — respeita a liberdade de consciência; ele sabe também que toda crença imposta é superficial. Prova e faz ver o que a religião ensina em teoria.

Noções elementares de Espiritismo

Q uem não admite no homem a existência da alma ou Espírito, também não a aceita fora dele; e portanto, negando a causa, nega implicitamente os efeitos.

Quem não conhece o Espiritismo, supõe que se podem produzir fenômenos espíritas, como se faz uma experiência de física ou de química. Daí a pretensão de sujeitá-los à sua vontade e a recusa de se colocar nas condições necessárias para os poder observar.

Aquele que seriamente deseja instruir-se, deve ter paciência e perseverança, e colocar-se nas condições indispensáveis; doutra forma, é melhor não se preocupar com isso.

Consequências do Espiritismo

O estudo do Espiritismo serve para provar materialmente a existência do mundo espiritual. Quando a maioria dos homens estiver convencida das ideias espíritas, quando ela professar esses princípios e praticar o bem, compreenderão que a lei da caridade ensinada pelo Cristo é a fonte da felicidade, mesmo neste mundo, e assim basearão as leis civis sobre as leis da caridade. Quando a Ciência levar em conta essa nova força, retificará imenso número de erros provenientes de atribuir tudo a uma única causa: *a matéria*. O conhecimento dessa nova causa será uma alavanca para o progresso.

CAPÍTULO 8

O Espiritismo
na sua expressão mais simples

Q objetivo desta publicação é dar, num panorama muito sucinto, um histórico do Espiritismo e uma ideia suficiente da Doutrina dos Espíritos, a fim de que se lhe possa compreender o objetivo moral e filosófico.

1 – Histórico do Espiritismo
2 – Resumo do ensino dos Espíritos
3 – Máximas extraídas dos ensinos dos Espíritos

Histórico do Espiritismo

Nos Estados Unidos da América, por volta de 1850, a atenção pública foi atraída para diversos fenômenos estranhos, movimentos de objetos, sem causa conhecida.

Ocorriam sob a influência de certas pessoas, que foram designadas pelo nome de *médiuns*. Todos os seres que se comunicaram, declaravam ser *Espíritos* e pertencer ao mundo invisível.

Da América o fenômeno passa para a França e para o resto da Europa, onde, durante alguns anos, as *mesas girantes* estiveram em moda e se tornaram o divertimento dos salões.

As instruções dadas pelos Espíritos de ordem elevada sobre todos os assuntos que interessam à humanidade, as respostas que deram às questões que lhes foram propostas, recolhidas e coordenadas cuidadosamente, constituem toda uma ciência, toda uma doutrina moral e filosófica, sob o nome de *Espiritismo*.

O Espiritismo é, pois, a doutrina fundada na existência, nas manifestações e nos ensinos dos Espíritos.

O Espiritismo suaviza o amargor das aflições da vida; acalma os desesperos, detém o pensamento de abreviar a vida pelo suicídio. Por isso mesmo, torna felizes os que dele se compenetram e esse é o grande segredo de sua rápida propagação.

Do ponto de vista religioso, o Espiritismo tem por base as verdades fundamentais de todas as religiões: Deus, a alma, a imortalidade, as penas e as recompensas futuras, independentes de qualquer culto particular.

O Espiritismo se dirige aos que não têm uma fé ou que duvidam. Estabelecida esta base, cada um é livre para seguir a rota que melhor satisfaça à sua razão.

ALLAN KARDEC

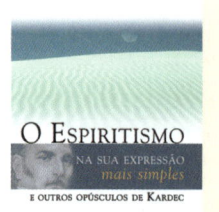

Nome completo: *O Espiritismo na sua expressão mais simples*

Complemento: Exposição sumária do ensino dos Espíritos e de suas manifestações

Data: Janeiro de 1862

Lugar: Paris, França

Autor: Allan Kardec

Resumo
da Lei dos Fenômenos Espíritas

A parece em abril de 1864 como artigo da *Revista Espírita*, só adquirindo a sua feição definitiva em 1865, com o lançamento da 2ª edição.

Conforme o codificador: Esta instrução é feita visando pessoas que nenhuma noção possuem do Espiritismo, e às quais se quer dar uma ideia sucinta em poucas palavras.

As pessoas estranhas ao Espiritismo, por não lhe compreenderem o objetivo nem os meios, quase sempre fazem dele uma ideia completamente falsa. O que lhes falta, sobretudo, é o conhecimento do princípio, a explicação primeira dos fenômenos. Por falta desta chave, o que veem e ouvem não tem qualquer proveito e nem mesmo lhes interessa. É fato constatado que a simples vista dos fenômenos não basta para convencer. Somente um estudo prévio, sério, pode levá-lo à convicção, e isto muitas vezes é suficiente para mudar inteiramente o curso das suas ideias. Na falta de uma instrução completa, bastará um resumo sucinto da lei que rege as manifestações, para que a coisa seja encarada em sua verdadeira luz pelas pessoas ainda não iniciadas.

I –	Espíritos
II –	Manifestação dos Espíritos
III –	Médiuns
IV –	Reuniões espíritas

I – Espíritos
Os Espíritos são as almas dos que viveram na Terra ou em outros mundos. As almas ou Espíritos são, pois, uma só e mesma coisa.

II – Manifestação dos Espíritos
Os Espíritos podem manifestar-se de muitas maneiras diferentes: pela visão, audição, tato, por ruídos, movimentos de corpos, escrita, desenho, música, etc. Manifestam-se por meio de pessoas dotadas, conhecidas pelo nome de médiuns.

III – Médiuns
O médium não possui senão a faculdade de comunicar, mas a comunicação efetiva depende da vontade dos Espíritos. Se os Espíritos não quiserem manifestar-se, o médium nada obtém.

IV – Reuniões espíritas
Os Espíritos são atraídos pela simpatia, pela similitude dos gostos e do caráter, e pela intenção que faz desejada a sua presença.

Nome completo: *Resumo da lei dos fenômenos espíritas*

Data: Abril de 1864

Lugar: Paris, França

Autor: Allan Kardec

CAPÍTULO 8

Caráter
da Revelação Espírita

O riginalmente publicado como artigo na *Revista Espírita* de setembro 1868. Logo, transformou-se no primeiro capítulo de *A gênese*, derradeira obra da Codificação Espírita.

A característica essencial de qualquer revelação tem que ser a verdade. Revelar um segredo é tornar conhecido um fato; se é falso, já não é um fato e, por consequência, não existe revelação.

O Espiritismo, dando-nos a conhecer o mundo invisível que nos cerca e no meio do qual vivíamos sem o suspeitarmos, assim como as leis que o regem, suas relações com o mundo visível, a natureza e o estado dos seres que o habitam e, por conseguinte, o destino do homem depois da morte, é uma verdadeira revelação, na acepção científica da palavra.

O Espiritismo, partindo das próprias palavras do Cristo, como este partiu das de Moisés, é consequência direta da sua doutrina. À ideia vaga da vida futura, acrescenta a revelação da existência do mundo invisível que nos rodeia e povoa o espaço, e com isso precisa a crença, dá-lhe um corpo, uma consistência, uma realidade à ideia.

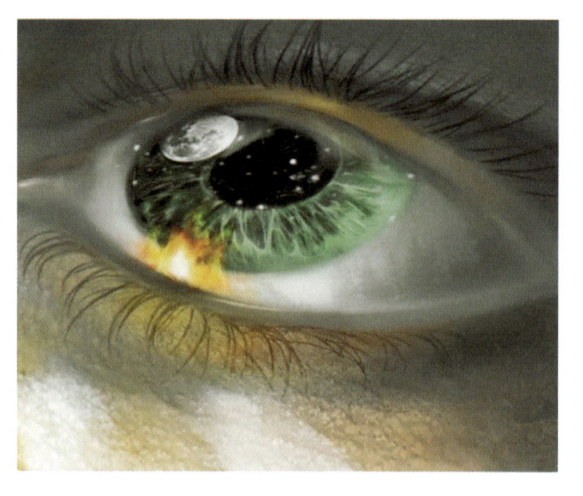

Caminhando de par com o progresso, o Espiritismo jamais será ultrapassado, porque, se novas descobertas lhe demonstrassem estar em erro acerca de um ponto qualquer, ele se modificaria nesse ponto. Se uma verdade nova se revelar, ele a aceitará.

Nome completo: *Caráter da revelação espírita*

Data: Fevereiro de 1868

Lugar: Paris, França

Autor: Allan Kardec

Catálogo Racional
das Obras para se Fundar uma Biblioteca Espírita

I –	Obras fundamentais da Doutrina Espírita
II –	Obras diversas sobre o Espiritismo
III –	Obras realizadas fora do Espiritismo
IV –	Obras contra o Espiritismo

A 1ª edição deste opúsculo apareceu em fins de março de 1869. Trata-se de um sumário metódico de obras que serviria de catálogo para a Livraria Espírita, cuja inauguração, prevista para o dia 1º de abril de 1869, foi adiada em virtude da desencarnação do codificador, ocorrida na véspera.

I – Obras Fundamentais da Doutrina Espírita:
Livro dos espíritos (O)
Livro dos médiuns (O)
Evangelho segundo o espiritismo (O)
Céu e o Inferno (O)
Gênese (A)
Que é o Espiritismo (O)
Espiritismo na sua expressão mais simples (O)
Resumo da lei dos fenômenos espíritas
Caráter da revelação espírita
Viagem espírita em 1862
Revista Espírita, Jornal de Estudos Psicológicos – Coleção a partir de 1858 a 1869

II – Obras Diversas sobre o Espiritismo (Ou Complementares da Doutrina)

III – Obras realizadas fora do Espiritismo
Filosofia e História
Romances
Teatro
Ciências
Magnetismo

IV – Obras contra o Espiritismo

Proibir um livro é dar mostras de que o tememos. O Espiritismo, longe de temer a divulgação dos escritos publicados contra ele e interditar sua leitura aos adeptos, chama a atenção destes e do público para tais obras, a fim de que possam julgar por comparação.

Nome completo: *Catálogo racional das obras para se fundar uma biblioteca espírita*

Data: Maio de 1869

Lugar: Paris, França

Autor: Allan Kardec

CAPÍTULO 8

Instrução Prática
sobre as Manifestações Espíritas

Cerca de um ano após o lançamento da 1ª edição de *O livro dos espíritos*, Allan Kardec, julgou por bem editar uma espécie de manual essencialmente prático, que contemplasse a exposição completa das condições necessárias para a comunicação com os Espíritos e os meios de desenvolver a faculdade mediúnica.

Deu-lhe o codificador da Doutrina o título de *Instrução prática sobre as manifestações espíritas*, ordenando suas matérias em onze capítulos, precedidos de uma "Introdução", um "Vocabulário espírita" e de um interessante "Quadro sinótico da nomenclatura espírita especial", verdadeiro esforço de síntese, capaz de dar, numa única página, um quadro tão completo quanto possível das manifestações mediúnicas.

Allan Kardec avisou aos leitores da *Revista Espírita* (agosto de 1860) que aquela obra estava inteiramente esgotada e não seria reimpressa. Novo trabalho, muito mais completo e que seguiria outro plano, viria substituí-la. Foi a primeira referência ao lançamento de *O livro dos médiuns*, publicado em 1861.

Vocabulário espírita

Quadro sinótico da nomenclatura espírita especial

I –	*Escala espírita*
II –	*Manifestações espíritas*
III –	*Comunicações espíritas*
IV –	*Diferentes modos de comunicação*
V –	*Médiuns*
VI –	*Papel e influência do médium nas manifestações*
VII –	*Influência do meio sobre as manifestações*
VIII –	*Relações com os Espíritos*
IX –	*Assuntos de estudo*
X –	*Conselhos aos novatos*
XI –	*Influência do Espiritismo*

Médiuns pagos
Ainda não conhecemos médiuns escreventes que deem consulta a tanto por sessão. Todo aquele que pretendesse ter Espíritos à sua ordem poderia ser suspeito de charlatanismo e de prestidigitação.

O vocabulário espírita
É composto por mais de cem verbetes, *definidos* e *classificados* pelo próprio Allan Kardec, vocabulário que foi bastante resumido na edição definitiva do livro que o substituiu.

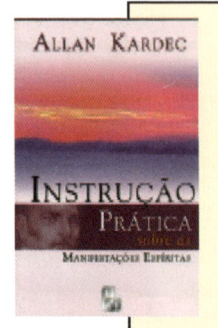

Nome completo: *Instrução prática sobre as manifestações espíritas*

Complemento: A exposição completa das condições necessárias para a comunicação com os Espíritos e os meios de desenvolver a faculdade mediúnica.

Data: 1858

Lugar: Paris, França

Autor: Allan Kardec

Quadro Sinótico
da Nomenclatura Espírita Especial

Vide a explicação e a definição de cada uma dessas palavras no "Vocabulário Espírita"

Doutrina
Espiritismo
Espiritista
Espírita
Espiritualismo
Espiritualista

Espíritos
natureza íntima dos Espíritos
Espírito elementar
Perispírito

Estados dos Espíritos
Encarnação
Erraticidade
Pureza absoluta

Escala Espírita ou diferentes ordens de Espíritos

1ª ordem

1ª classe Espíritos puros

2ª ordem Espíritos bons

2ª classe Espíritos superiores
3ª classe Espíritos de sabedoria
4ª classe Espíritos de ciência
5ª classe Espíritos benévolos

3ª ordem Espíritos imperfeitos

6ª classe Espíritos neutros
7ª classe Espíritos pseudossábios
8ª classe Espíritos levianos
9ª classe Espíritos impuros

Emancipação da Alma ou do Espírito encarnado
Sonho
Soniloquia
Sonambulismo natural
Sonambulismo artificial ou magnético
Êxtase
Visão ou segunda vista

Manifestações Espíritas
Ocultas
Patentes
Físicas
Inteligentes
Aparentes

– Vaporosas ou etéreas
– Tangíveis ou estereotitas

Espontâneas

Comunicações
– frívola
– grosseira
– séria
– instrutiva

Modos de Comunicação
Sematologia
Tiptologia

Por movimento
Íntima
Alfabética

Psicografia

Direta
Indireta

Pneumatografia
Pneumatofonia
Psicofonia

Médiuns ou agentes das manifestações
Médiuns

Naturais
Facultativos

Médiuns de efeitos físicos

Pneumatógrafos ou de escrita direta
Pneumatófonos ou de voz direta
De materialização e transporte de objetos

Médiuns de efeitos morais

Escreventes ou psicógrafos
Pneumatógrafos
Desenhistas
Músicos
Falantes
Videntes
Comunicadores
Inspirados
De pressentimento
Sensitivos ou impressionáveis

CAPÍTULO 8

Viagem espírita em 1862

A maioria dos espíritas conhece as obras básicas da Doutrina Espírita. Muitos, no entanto, ignoram as dificuldades que Kardec enfrentou para que a Doutrina Espírita se tornasse conhecida e praticada naqueles tempos, justamente por não compulsarem outros escritos que ele deixou.

Em 1860, 1861, 1862, 1864 e 1867, anos em que o codificador, aproveitando as férias de verão da Sociedade Espírita de Paris, deslocou-se da capital francesa para visitar algumas cidades do interior da França, alcançando, em 1864, Antuérpia e Bruxelas, na Bélgica.

Para fazer a sua *Viagem espírita em 1862*, o codificador precisou de quase dois meses para percorrer 693 léguas e visitar cerca de 20 cidades.

A viagem de 1862 foi a mais importante, merecendo dele um opúsculo especial, publicado no mesmo ano, riquíssimo em observações sobre o estado do Espiritismo — *que então comemorava o seu quinto aniversário* — e em instruções sobre a formação de grupos e sociedades espíritas, afora os conselhos e orientações que prodigalizava aos adeptos.

Kardec revela: "[...] nossa viagem tinha duplo objetivo: dar instruções onde estas fossem necessárias e, ao mesmo tempo, nos instruirmos. Queríamos ver o estado real da Doutrina e *da maneira pela qual ela é compreendida*; estudar as causas locais favoráveis ou desfavoráveis ao seu progresso, sondar as opiniões, apreciar os efeitos da oposição e da crítica e conhecer o julgamento que se faz de certas obras."

Resposta de Allan Kardec ao Convite dos Espíritas de Lyon e de Bordeaux

Viagem espírita em 1862
Viagem espírita em 1860
Viagem espírita em 1861
Viagem espírita em 1864
Viagem espírita em 1867

Atendendo a convite dos espíritas de Lyon e Bordeaux, subscrito por quinhentas assinaturas, Allan Kardec empreendeu a sua famosa *Viagem espírita em 1862*, durante os meses de setembro e outubro daquele ano.

ALLAN KARDEC

Nome completo: *Viagem espírita em 1862* e *Outras Viagens de Kardec*

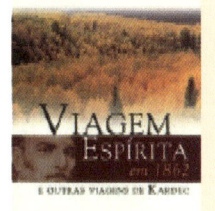

Complemento: Contém:
1 – As observações sobre o estado do Espiritismo.
2 – As instruções dadas nos diferentes grupos.
3 – As instruções sobre a formação de grupos e sociedades, e um modelo de regulamento para seu uso.

Data: 1862
Lugar: Paris, França
Autor: Allan Kardec

Viagem espírita em 1862
"O primeiro resultado que pudemos constatar foi o imenso progresso das crenças espíritas. Quando de nossa primeira viagem a Lyon, em 1860, ali havia, no máximo, algumas centenas de adeptos; agora avaliamo-los entre vinte e cinco e trinta mil."
"É evidente a diminuição dos médiuns de efeitos físicos, à medida que se multiplicam os de comunicações inteligentes. O período da curiosidade já passou; estamos, agora, no da filosofia. O terceiro será o de sua aplicação à reforma da humanidade."
"Por toda parte onde minhas obras penetraram e servem de guia, o Espiritismo é considerado sob o seu verdadeiro ponto de vista, isto é, sob o ponto de vista exclusivamente moral."

Projeto de regulamento para uso dos grupos e pequenas sociedades espíritas
Proposto pela Sociedade Central de Paris, tendo em vista manter a unidade de princípios e de ação
As sociedades numerosas e regularmente constituídas encontrarão um modelo de regulamento mais completo no da Sociedade de Paris.

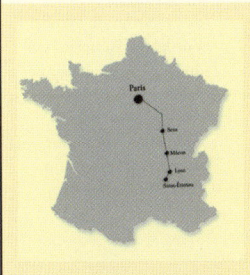

Viagem espírita em 1860
"A primeira coisa que me impressionou foi o número de adeptos. Eu bem sabia que Lyon os contava em grande número, mas estava longe de suspeitar que fosse tão considerável."
"Lyon foi a cidade dos mártires. A fé aqui é viva; ela fornecerá apóstolos ao Espiritismo. Se Paris é o cérebro, Lyon será o coração."

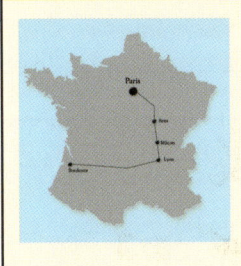

Viagem espírita em 1861
"Se Lyon fez o que se poderia chamar o seu pronunciamento no que respeita ao Espiritismo, Bordeaux não ficou atrás. Em alguns meses, a Doutrina ali tomou proporções grandiosas em todas as classes da sociedade."
"Encontramos em Bordeaux, numerosos e excelentes médiuns em todas as classes, de todos os sexos e idades."
"A força do Espiritismo tem duas causas:

1 – Tornar felizes os que o conhecem, o compreendem e o praticam.
2 – Não se assenta na cabeça de nenhum homem; seu foco está em toda parte, porque em toda parte há médiuns que podem comunicar-se com os Espíritos."
"Os inimigos do Espiritismo são de duas ordens:
1 – Os zombadores e os incrédulos. Estes recebem diariamente o desmentido pelos fatos.
2 – As pessoas interessadas em combater a Doutrina. Não espereis trazê–las pela persuasão, pois não buscam a luz. Não vos atacam porque estejais no erro, mas porque estais com a verdade."

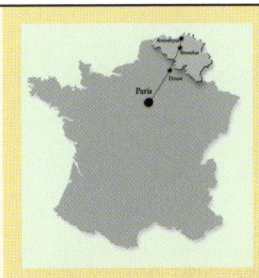

Viagem espírita em 1864
O Espiritismo na Bélgica
"Fizemos-lhes uma rápida visita e temos a satisfação de dizer que trouxemos a mais favorável impressão do desenvolvimento da Doutrina naquele país. Ali encontramos maior número de adeptos do que esperávamos, devotados e esclarecidos."
"É preferível, pois, que haja numa cidade cem grupos de dez a vinte adeptos, dos quais nenhum se arroga a supremacia sobre os outros, a uma sociedade única, que reunisse todos os partidários."
"Nessas excursões não vou pregar aos incrédulos; jamais convoco o público para catequizá-lo, pois não vou fazer propaganda; só compareço a reuniões de adeptos nas quais meus conselhos são desejados e possam ser úteis; eu os dou de bom grado aos que julgam deles necessitar; abstenho-me de dá-los aos que se julgam bastante esclarecidos para os dispensar. Numa palavra, só me dirijo aos homens de boa vontade."

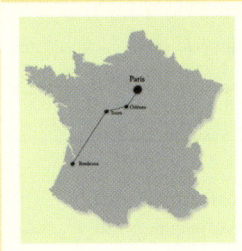

Viagem espírita em 1867
"Um fato constante e característico é a diminuição gradual das prevenções contra as ideias espíritas."
"Um outro sinal de progresso é a pouca importância que os adeptos ligam aos fatos de manifestações extraordinárias. As pessoas os constatam, mas não se comovem, não os procuram e, menos ainda, se empenham em provocá-los."
"Vendo o número dos felizes que faz o Espiritismo, esquecemos facilmente as fadigas inseparáveis de nossa tarefa. Poderiam tirar-nos a vida, os bens materiais, mas jamais a felicidade de ter contribuído para trazer a paz a esses corações ulcerados."

CAPÍTULO 8

Atividades

1. Complete as frases:

a) O Espiritismo, partindo das próprias palavras do ...., como este partiu das de ...., é consequência direta da sua doutrina.

b) Caminhando de par com o progresso, o Espiritismo jamais será ....

c) Allan Kardec empreendeu a sua famosa viagem espírita em ....

d) O Espiritismo é uma ciência de observação e uma ....

e) O estudo do Espiritismo serve para provar materialmente a existência do ....

---

2. Relacione:

a) O Espírito ..... Possui a faculdade de se comunicar com os Espíritos.
b) O médium ..... Almas dos que viveram na Terra.
c) A Alma ..... Não é a favor nem contra o Espiritismo.
d) O crítico ..... Não está localizada num ponto do corpo.
e) O céptico ..... Recusa em admitir a realidade dos fenômenos espíritas.

---

3. Responda:

a) Quais são as obras que o Espiritismo proíbe?
....

b) A quem se dirige o Espiritismo?
....

c) Qual é a característica essencial de qualquer revelação?
....

d) Qual foi a viagem espírita mais importante de Allan Kardec?
....

e) O que é o Espiritismo?
....

4. Verdadeiro ou Falso:

a) ..... As almas ou Espíritos são, pois, uma só e mesma coisa.

b) ..... Proibir um livro é dar mostras de que o tememos.

c) ..... O Vocabulário Espírita é composto por mais de cem verbetes.

d) ..... Em 1864 Allan Kardec visita a Bélgica.

e) ..... Todos os mundos são povoados.

A solução das atividades está na página 143.

Mensagem

O que falta ao homem é a fé no futuro; porém, a ideia que dele lhe dão é incapaz de satisfazer o seu gosto pelo positivo. É muito vaga, muito abstrata; os laços que o ligam ao presente não são bastante definidos. Ao contrário, o Espiritismo nos apresenta a alma como um ser circunscrito, semelhante a nós, menos o envoltório material de que se despojou, mas revestido de um invólucro fluídico, o que já é mais compreensível e faz que se conceba melhor a sua individualidade.

Além disso ele prova, pela experiência, as relações incessantes do mundo visível e do mundo invisível, que se tornam, assim, solidários um com o outro.

As relações da alma com a Terra não cessam com a vida; a alma, no estado de Espírito, constitui uma das engrenagens, uma das forças vivas da natureza; não é mais um ser inútil, que não pensa e já não age senão para si durante a eternidade; é sempre e por toda parte um agente ativo da vontade de Deus para a execução de suas obras. Assim, conforme a Doutrina Espírita, tudo se liga, tudo se encadeia no universo; e nesse grande movimento, admiravelmente harmonioso, as afeições sobrevivem. Longe de se extinguirem, elas se fortificam e se depuram.

Viagem espírita 1862
ALLAN KARDEC

Anexos

ANEXOS

Prolegômenos

Fenômenos que escapam às leis da ciência vulgar manifestam-se por toda parte, revelando na causa que os produz a ação de uma vontade livre e inteligente.

Diz a razão que um efeito inteligente deve ter como causa uma força inteligente e os fatos provaram que essa força pode entrar em comunicação com os homens por meio de sinais materiais.

Interrogada sobre a sua natureza, essa força declarou pertencer ao mundo dos seres espirituais que se despojaram do envoltório corporal do homem. Assim é que a Doutrina dos Espíritos foi revelada.

As comunicações entre o mundo espiritual e o mundo corpóreo fazem parte da natureza das coisas e não constituem nenhum fato sobrenatural, razão pela qual encontramos seus vestígios entre todos os povos e em todas as épocas. Hoje elas são gerais e patentes para todo o mundo.

Os Espíritos anunciam que chegaram os tempos marcados pela Providência para uma manifestação universal e que, sendo eles os ministros de Deus e os agentes de sua vontade, sua missão é instruir e esclarecer os homens, abrindo uma Nova Era para a regeneração da humanidade.

> *O livro dos espíritos* foi escrito por ordem e mediante ditado de Espíritos superiores, para estabelecer os fundamentos de uma filosofia racional, isenta dos preconceitos do espírito de sistema.

Este livro é o repositório de seus ensinos. Foi escrito por ordem e sob o ditado de Espíritos superiores, para estabelecer os fundamentos de uma filosofia racional, isenta dos preconceitos do espírito de sistema. Nada contém que não seja a expressão do pensamento deles e que não tenha sido por eles examinado. Só a ordem e a distribuição metódica das matérias, assim como as notas e a forma de algumas partes da redação constituem obra daquele que recebeu a missão de o publicar.

Entre os Espíritos que concorreram para a realização desta obra, muitos viveram em diversas épocas na Terra, onde pregaram e praticaram a virtude e a sabedoria. Outros, pelos seus nomes, não pertenceram a nenhuma personagem cuja lembrança a História tenha guardado, mas sua elevação é atestada pela pureza de sua doutrina e sua união com os que trazem nomes venerados.

Eis os termos em que nos deram, por escrito e por muitos médiuns, a missão de escrever este livro:

"Ocupa-te com zelo e perseverança do trabalho que empreendeste com o nosso concurso, pois esse trabalho é nosso. Nele pusemos as bases do novo edifício que se eleva e que um dia há de reunir todos os homens num mesmo sentimento de amor e caridade. Mas, antes de o divulgares, nós o reveremos juntos, a fim de controlar todos os seus detalhes.

"Estaremos contigo sempre que o pedires, para te ajudar nos outros trabalhos, pois esta é apenas uma parte da missão que te está confiada e que um de nós já te revelou.

"Entre os ensinos que te são dados, alguns há que deves guardar somente para ti, até nova ordem. Quando chegar o momento de os publicares, nós to avisaremos. Enquanto esperas, medita sobre eles, a fim de estares pronto quando te dissermos.

"Porás no cabeçalho do livro a cepa que te desenhamos, porque é o emblema do trabalho do Criador. Aí se acham reunidos todos os princípios materiais que melhor podem representar o corpo e o espírito. O corpo é a cepa; o espírito é a seiva; a alma ou espírito ligado à matéria é o bago. O homem quintessencia o espírito pelo trabalho e tu sabes que é somente pelo trabalho do corpo que o espírito adquire conhecimentos.

"Não te deixes desanimar pela crítica. Encontrarás contraditores obstinados, principalmente entre as pessoas interessadas nos abusos. Encontra-los-ás mesmo entre os Espíritos, porque os que ainda não estão completamente desmaterializados procuram muitas vezes semear a dúvida por malícia ou ignorância. Prossegue sempre; crê em Deus e marcha com confiança: aqui estaremos para te amparar e está próximo o tempo em que a verdade brilhará de todos os lados.

"A vaidade de certos homens, que julgam saber tudo e tudo querem explicar a seu modo, dará origem a opiniões dissidentes.

Mas, todos os que tiverem em vista o grande princípio de Jesus se conformarão no mesmo sentimento de amor ao bem e se unirão por um laço fraterno, que abarcará o mundo inteiro; deixarão de lado as miseráveis disputas de palavras, para só se ocuparem com o que é essencial. E a Doutrina será sempre a mesma, quanto ao fundo, para todos os que receberem comunicações de Espíritos superiores.

"É com perseverança que chegarás a colher os frutos de teus trabalhos. O prazer que experimentarás, vendo a Doutrina propagar-se e bem compreendida, será para ti uma recompensa cujo valor integral conhecerás, talvez mais no futuro do que no presente. Não te inquietes, pois, com os espinhos e as pedras que os incrédulos e os maus semearão no teu caminho.

"Mantém a confiança: com ela chegarás ao fim e merecerás ser sempre ajudado.

"Lembra-te de que os Espíritos bons só dispensam assistência aos que servem a Deus com humildade e desinteresse e que repudiam a todo aquele que busca, no caminho do Céu, um degrau para as coisas da Terra; eles se afastam do orgulhoso e do ambicioso. O orgulho e a ambição serão sempre uma barreira entre o homem e Deus; são um véu lançado sobre as claridades celestes, e Deus não pode servir-se do cego para fazer que se compreenda a luz."

São João Evangelista, Santo Agostinho, São Vicente de Paulo, São Luís, o Espírito de Verdade, Sócrates, Platão, Fénelon, Franklin, Swedenborg, e outros.[2]

> Porás no cabeçalho do livro a cepa que te desenhamos, porque é o emblema do trabalho do Criador. O corpo é a cepa; o espírito é a seiva; a alma ou espírito ligado à matéria é o bago.

---

2 KARDEC, Allan. *O livro dos espíritos.* "Prolegômenos".

ANEXOS

Os bons espíritas

Bem compreendido, mas sobretudo bem sentido, o Espiritismo conduz forçosamente aos resultados do homem de bem, que caracterizam o verdadeiro espírita como o verdadeiro cristão, pois que ambos são a mesma coisa.

O Espiritismo não cria nenhuma moral nova; apenas facilita aos homens a compreensão e a prática da moral do Cristo, facultando uma fé inabalável e esclarecida aos que duvidam ou vacilam.

Muitos, entretanto, dos que acreditam nos fatos das manifestações não compreendem as suas consequências, nem o seu alcance moral, ou, se os compreendem, não os aplicam a si mesmos. A que se deve isso? A alguma falta de clareza da Doutrina? Não, visto que ela não contém alegorias nem figuras que possam dar lugar a falsas interpretações. A clareza é da sua própria essência e é isso que constitui a sua força, porque vai direto à inteligência.

> Reconhece-se o verdadeiro espírita pela sua transformação moral e pelos esforços que emprega para domar suas inclinações más.

Nada tem de misteriosa e seus iniciados não se acham de posse de nenhum segredo oculto ao vulgo.

Será então preciso, para compreendê-la, uma inteligência fora do comum? Não, porque se veem homens de notória capacidade que não a compreendem, ao passo que inteligências vulgares, moços mesmo, mal saídos da adolescência, lhes apreendem, com admirável precisão, os mais delicados matizes. Isso resulta de que a parte por assim dizer *material* da ciência requer somente olhos que observem, enquanto a parte *essencial* exige um certo grau de sensibilidade, a que se pode chamar de *maturidade do senso moral*, maturidade que independe da idade e do grau de instrução, porque é inerente ao desenvolvimento, em sentido especial, do Espírito encarnado.

Em algumas pessoas, os laços da matéria são ainda bastante tenazes para permitirem que o Espírito se desprenda das coisas da Terra; o nevoeiro que os envolve tira-lhes toda a visão do infinito, razão pela qual eles não rompem facilmente com os seus gostos, nem com seus hábitos, não compreendendo que haja qualquer coisa melhor do que aquilo de que são dotados. Para eles, a crença nos Espíritos é um simples fato, mas que pouco ou nada lhes modifica as tendências instintivas. Numa palavra, não percebem mais que um raio de luz, insuficiente para guiá-los e lhes facultar uma vigorosa aspiração, capaz de vencer as suas inclinações. Prendem-se mais aos fenômenos do que à moral, que lhes parece banal e monótona. Pedem incessantemente aos Espíritos que os iniciem em novos mistérios, sem procurar saber se já se tornaram dignos de penetrar os segredos do Criador. São os espíritas imperfeitos, alguns dos quais ficam a meio caminho ou se afastam de seus irmãos em crença, porque recuam diante da obrigação de se reformarem, ou então guardam as suas simpatias para os que compartilham de suas fraquezas ou de suas prevenções.

Entretanto, a aceitação do princípio da Doutrina é um primeiro passo que lhes tornará mais fácil o segundo, em outra existência.

Aquele que pode ser, com razão, qualificado de espírita verdadeiro e sincero, se acha em grau superior de adiantamento moral. O Espírito, que nele domina a matéria de modo mais completo, dá-lhe uma percepção mais clara do futuro; os princípios da Doutrina lhe fazem vibrar as fibras que nos outros se conservam inertes. Numa palavra: *é tocado no coração*, daí por que é inabalável a sua fé. Um é como o músico, a quem bastam alguns acordes para comover, ao passo que o outro apenas ouve sons. *Reconhece-se o verdadeiro espírita pela sua transformação moral e pelos esforços que emprega para domar suas inclinações más.* Enquanto um se contenta com o seu horizonte limitado, outro, que aprende alguma coisa de melhor, se esforça por desligar-se dele e sempre o consegue, desde que tenha firme a vontade.[3]

---
3 KARDEC, Allan. *O evangelho segundo o espiritismo.* "Os bons espíritas".

ANEXOS

O Espiritismo é uma Religião?

A resposta a esta pergunta foi dada por Allan Kardec na Sociedade Parisiense de Estudos Espíritas, em 1º de novembro de 1868, na Sessão Anual Comemorativa dos Mortos. Apenas transcrevemos o trecho diretamente relacionado com o tema: "O Espiritismo é uma religião?" O artigo integral está na Revista Espírita de dezembro de 1868, 1. ed. Rio de Janeiro: FEB, 2005, p. 483–495.

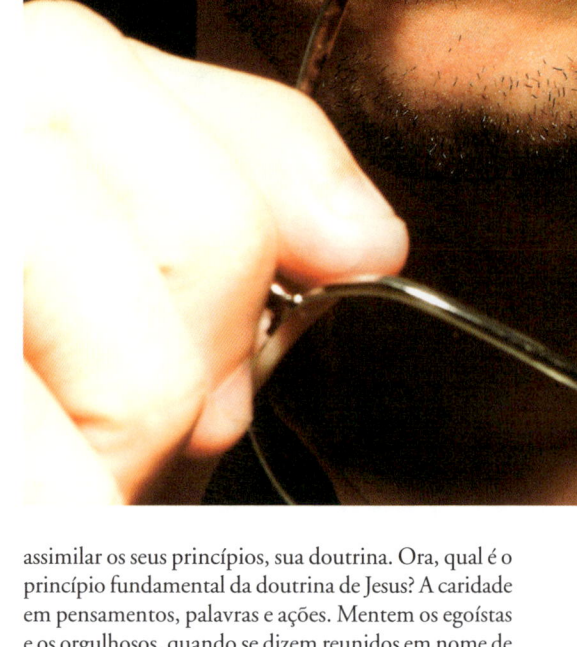

Todas as reuniões religiosas, seja qual for o culto a que pertençam, são fundadas na comunhão de pensamentos; com efeito, é aí que podem e devem exercer a sua força, porque o objetivo deve ser a libertação do pensamento das amarras da matéria. Infelizmente, a maioria se afasta deste princípio à medida que a religião se torna uma questão de forma. Disto resulta que cada um, fazendo seu dever consistir na realização da forma, se julga quites com Deus e com os homens, desde que praticou uma fórmula. Resulta ainda *que cada um vai aos lugares de reuniões religiosas com um pensamento pessoal, por sua própria conta e, na maioria das vezes, sem nenhum sentimento de confraternidade em relação aos outros assistentes; fica isolado em meio à multidão e só pensa no céu para si mesmo.*

Por certo não era assim que o entendia Jesus, ao dizer: "Quando duas ou mais pessoas estiverem reunidas em meu nome, aí estarei entre elas". Reunidos em meu nome, isto é, com um pensamento comum; mas não se pode estar reunido em nome de Jesus sem assimilar os seus princípios, sua doutrina. Ora, qual é o princípio fundamental da doutrina de Jesus? A caridade em pensamentos, palavras e ações. Mentem os egoístas e os orgulhosos, quando se dizem reunidos em nome de Jesus, porque Jesus não os conhece por seus discípulos.

Chocados por esses abusos e desvios, há pessoas que negam a utilidade das assembleias religiosas e, em consequência, a das edificações consagradas a tais assembleias.

> No sentido filosófico, o Espiritismo é uma religião

Em seu radicalismo, pensam que seria melhor construir asilos do que templos, uma vez que o templo de Deus está em toda parte e em toda parte Ele pode ser adorado; que cada um pode orar em casa e a qualquer hora, enquanto os pobres, os doentes e os enfermos necessitam de lugar de refúgio.

Mas, porque cometeram abusos, porque se afastaram do reto caminho, devemos concluir que não existe o reto caminho e que tudo quanto se abusa seja mau? Não, certamente. Falar assim é desconhecer a fonte e os benefícios da comunhão de pensamentos, que deve ser a essência das assembleias religiosas; é ignorar as causas que a provocam.

Concebe-se que os materialistas professem semelhantes ideias, já que em tudo fazem abstração da vida espiritual; mas da parte dos espiritualistas e, melhor ainda, dos espíritas, seria um contrassenso. *O isolamento religioso, assim como o isolamento social, conduz ao egoísmo.*

Que alguns homens sejam bastante fortes por si mesmos, largamente dotados pelo coração, para que sua fé e caridade não necessitem ser revigoradas num foco comum, é possível; mas não é assim com as massas, por lhes faltar um estimulante, sem o qual poderiam se deixar levar pela indiferença.

Além disso, qual o homem que poderá dizer-se bastante esclarecido para nada ter a aprender no tocante aos seus interesses futuros? Bastante perfeito para abrir mão dos conselhos da vida presente? Será sempre capaz de instruir-se por si mesmo? Não; a maioria necessita de ensinamentos diretos em matéria de religião e de moral, como em matéria de ciência.

Incontestavelmente, tais ensinos podem ser dados em toda parte, sob a abóbada do céu, como sob a de um templo; mas por que os homens não haveriam de ter lugares especiais para as questões celestes, como os têm para as terrenas? Por que não teriam assembleias religiosas, como têm assembleias políticas, científicas e industriais? Aqui está uma bolsa onde se ganha sempre.

Isto não impede as edificações em proveito dos infelizes. Dizemos, ademais, *que haverá menos gente nos asilos, quando os homens compreenderem melhor seus interesses do céu.*

Se as assembleias religiosas — falo em geral, sem aludir a nenhum culto — muitas vezes se têm afastado de seu objetivo primitivo principal, que é a comunhão fraterna do pensamento; se o ensino ali ministrado nem sempre tem acompanhado o movimento progressivo da humanidade, é que os homens não progridem todos ao mesmo tempo.

O que não fazem num período, fazem em outro; à proporção que se esclarecem, veem as lacunas existentes em suas instituições, e as preenchem; compreendem que o que era bom numa época, em relação ao grau de civilização, torna-se insuficiente numa etapa mais avançada, e restabelecem o nível.

Sabemos que o Espiritismo é a grande alavanca do progresso em todas as coisas; marca uma era de renovação. Saibamos, pois, esperar, não exigindo de uma época mais do que ela pode dar.

Como as plantas, é preciso que as ideias amadureçam, para que seus frutos sejam colhidos. Saibamos, além disso, fazer as necessárias concessões às épocas de transição, porque na natureza nada se opera de maneira brusca e instantânea.

Dissemos que o verdadeiro objetivo das assembleias religiosas deve ser a *comunhão de pensamentos*; é que, com efeito, a palavra *religião* quer dizer *laço*. Uma religião, em sua acepção larga e verdadeira, é um laço que *religa* os homens numa comunhão de sentimentos, de princípios e de crenças; consecutivamente, esse nome foi dado a esses mesmos princípios codificados e formulados em dogmas ou artigos de fé. É nesse sentido que se diz: a *religião política*; entretanto, mesmo nesta acepção, a palavra religião não é sinônima de *opinião*; implica uma ideia particular: a de *fé conscienciosa*; eis por que se diz também: a *fé política*.

Ora, os homens podem filiar-se, por interesse, a um partido, sem ter fé nesse partido, e a prova é que o deixam sem escrúpulo, quando encontram seu interesse alhures, ao passo que aquele que o abraça por convicção é inabalável; persiste à custa dos maiores sacrifícios, e é a abnegação dos interesses pessoais a verdadeira pedra de toque da fé sincera.

Todavia, se a renúncia a uma opinião, motivada pelo interesse, é um ato de desprezível covardia, é, não obstante, respeitável, quando fruto do reconhecimento do erro em que se estava; é, então, um ato de abnegação e de razão.

Há mais coragem e grandeza em reconhecer abertamente que se enganou, do que persistir, por amor-próprio, no que se sabe ser falso, e para não se dar um desmentido a si próprio, o que acusa mais obstinação do que firmeza, mais orgulho do que razão, e mais fraqueza do que força.

É mais ainda: é hipocrisia, porque se quer parecer o que não se é; além disso é uma ação má, porque é encorajar o erro por seu próprio exemplo.

O laço estabelecido por uma religião, seja qual for o seu objetivo, é, pois, essencialmente moral, que liga os corações, que identifica os pensamentos, as aspirações, e não somente o fato de compromissos materiais, que se rompem à vontade, ou da realização de fórmulas que falam mais aos olhos do que ao espírito.

> O Espiritismo é a grande alavanca do progresso em todas as coisas.

> O verdadeiro objetivo das assembleias religiosas deve ser a comunhão de pensamentos.

ANEXOS

O efeito desse laço moral é o de estabelecer entre os que ele une, como consequência da comunhão de vistas e de sentimentos, *a fraternidade e a solidariedade*, a indulgência e a benevolência mútuas.

É nesse sentido que também se diz: a religião da amizade, a religião da família.

Se é assim, perguntarão, então o Espiritismo é uma religião? Ora, sim, sem dúvida, senhores! No sentido filosófico, o Espiritismo é uma religião, e nós nos vangloriamos por isto, porque é a Doutrina que funda os vínculos da fraternidade e da comunhão de pensamentos, não sobre uma simples convenção, mas sobre bases mais sólidas: as próprias leis da natureza.

Por que, então, temos declarado que o Espiritismo não é uma religião? Em razão de não haver senão uma palavra para exprimir duas ideias diferentes, e que, na opinião geral, a palavra religião é inseparável da de culto; porque desperta exclusivamente uma ideia de forma, que o Espiritismo não tem.

Se o Espiritismo se dissesse uma religião, o público não veria aí mais que uma nova edição, uma variante, se se quiser, dos princípios absolutos em matéria de fé; uma casta sacerdotal com seu cortejo de hierarquias, de cerimônias e de privilégios; não o separaria das ideias de misticismo e dos abusos contra os quais tantas vezes a opinião se levantou.

Não tendo o Espiritismo nenhum dos caracteres de uma religião, na acepção usual da palavra, não podia nem devia enfeitar-se com um título sobre cujo valor inevitavelmente se teria equivocado. Eis por que simplesmente se diz: Doutrina filosófica e moral.

As reuniões espíritas podem, pois, ser feitas religiosamente, isto é, com o recolhimento e o respeito que comporta a natureza grave dos assuntos de que se ocupa; pode-se mesmo, na ocasião, aí fazer preces que, em vez de serem ditas em particular, são ditas em comum, sem que, por isto, sejam tomadas por *assembleias* religiosas. Não se pense que isto seja um jogo de palavras; a nuança é perfeitamente clara, e a aparente confusão não provém senão da falta de uma palavra para cada ideia.

Qual é, pois, o laço que deve existir entre os espíritas? Eles não estão unidos entre si por nenhum contrato material, por nenhuma prática obrigatória.

Qual o sentimento no qual se deve confundir todos os pensamentos? É um sentimento todo moral, todo espiritual, todo humanitário: o da caridade para com todos ou, em outras palavras: o amor do próximo, que compreende os vivos e os mortos, pois sabemos que os mortos sempre fazem parte da humanidade.

A caridade é a alma do Espiritismo; ela resume todos os deveres do homem para consigo mesmo e para com os seus semelhantes, razão por que se pode dizer que não há verdadeiro espírita sem caridade.

Mas a caridade é ainda uma dessas palavras de sentido múltiplo, cujo inteiro alcance deve ser bem compreendido; e se os Espíritos não cessam de pregá-la e defini-la, é que, provavelmente, reconhecem que isto ainda é necessário.

> Perguntarão, o Espiritismo é uma religião? Ora, sim, sem dúvida, senhores!

O campo da caridade é muito vasto; compreende duas grandes divisões que, em falta de termos especiais, podem designar-se pelas expressões *caridade beneficente e caridade benevolente*. Compreende-se facilmente a primeira, que é naturalmente proporcional aos recursos materiais de que se dispõe; mas a segunda está ao alcance de todos, do mais pobre como do mais rico. Se a beneficência é forçosamente limitada, nada além da vontade poderia estabelecer limites à benevolência.

O que é preciso, então, para praticar a caridade benevolente? Amar ao próximo como a si mesmo. Ora, se se amar ao próximo tanto quanto a si, amar-se-o-á muito; agir-se-á para com outrem como se quereria que os outros agissem para conosco; não se quererá nem se fará mal a ninguém, porque não quereríamos que no-lo fizessem.

Amar ao próximo é, pois, abjurar todo sentimento de ódio, de animosidade, de rancor, de inveja, de ciúme, de vingança, numa palavra, todo desejo e todo pensamento de prejudicar; é perdoar aos inimigos e retribuir o mal com o bem; é ser indulgente para as imperfeições de seus semelhantes e não procurar o argueiro no olho do vizinho, quando não se vê a trave no seu; é esconder ou desculpar as faltas alheias, em vez de se comprazer em as pôr em relevo, por espírito de maledicência; é ainda não se fazer valer à custa dos outros; não procurar esmagar ninguém sob o peso de sua superioridade; não desprezar ninguém pelo orgulho.

Eis a verdadeira caridade benevolente, a caridade prática, sem a qual a caridade é palavra vã; é a caridade do verdadeiro espírita, como do verdadeiro cristão; aquela sem a qual aquele que diz: *Fora da caridade não há salvação*, pronuncia sua própria condenação, tanto neste quanto no outro mundo.

Quantas coisas haveria a dizer sobre este assunto!

Que belas instruções não nos dão os Espíritos incessantemente!

Não fosse o receio de alongar-me em demasia e de abusar de vossa paciência, senhores, seria fácil demonstrar que, em se colocando no ponto de vista do interesse pessoal, egoísta, se se quiser, porque nem todos os homens estão ainda maduros para uma completa abnegação, para fazer o bem unicamente por amor do bem, digo que seria fácil demonstrar que têm tudo a ganhar em agir deste modo, e tudo a perder agindo diversamente, mesmo em suas relações sociais; depois, o bem atrai o bem e a proteção dos bons Espíritos; o mal atrai o mal e abre a porta à malevolência dos maus. Mais cedo ou mais tarde o orgulhoso será castigado pela humilhação, o ambicioso pelas decepções, o egoísta pela ruína de suas esperanças, o hipócrita pela vergonha de ser desmascarado; aquele que abandona os bons Espíritos por estes é abandonado e, de queda em queda, finalmente se vê no fundo do abismo, ao passo que os bons Espíritos erguem e amparam aquele que, nas maiores provações, não deixa de se confiar à Providência e jamais se desvia do reto caminho; aquele, enfim, cujos secretos sentimentos não dissimulam nenhum pensamento oculto de vaidade ou de interesse pessoal. Assim, de um lado, ganho assegurado; do outro, perda certa; cada um, em virtude do seu livre-arbítrio, pode escolher a sorte que quer correr, mas não poderá queixar-se senão de si mesmo pelas consequências de sua escolha.

Crer num Deus Todo-Poderoso, soberanamente justo e bom; crer na alma e em sua imortalidade; na preexistência da alma como única justificação do presente; na pluralidade das existências como meio de expiação, de reparação e de adiantamento intelectual e moral; na perfectibilidade dos seres mais imperfeitos; na felicidade crescente com a perfeição; na equitativa remuneração do bem e do mal, segundo o princípio: a cada um segundo as suas obras; na igualdade da justiça para todos, sem exceções, favores nem privilégios para nenhuma criatura; na duração da expiação limitada à da imperfeição; no livre-arbítrio do homem, que lhe deixa sempre a escolha entre o bem e o mal; crer na continuidade das relações entre o mundo visível e o mundo invisível; na solidariedade que religa todos os seres passados, presentes e futuros, encarnados e desencarnados; considerar a vida terrestre como transitória e uma das fases da vida do Espírito, que é eterno; aceitar corajosamente as provações, em vista de um futuro mais invejável que o presente; praticar a caridade em pensamentos, em palavras e obras na mais larga acepção do termo; esforçar-se cada dia para ser melhor que na véspera, extirpando toda imperfeição de sua alma; submeter todas as crenças ao controle do livre exame e da razão, e nada aceitar pela fé cega; respeitar todas as crenças sinceras, por mais irracionais que nos pareçam, e não violentar a consciência de ninguém; ver, enfim, nas descobertas da Ciência, a revelação das leis da natureza, que são as leis de Deus: eis o *Credo, a religião do Espiritismo*, religião que pode conciliar-se com todos os cultos, isto é, com todas as maneiras de adorar a Deus. É o laço que deve unir todos os espíritas numa santa comunhão de pensamentos, esperando que ligue todos os homens sob a bandeira da fraternidade universal.

Com a fraternidade, filha da caridade, os homens viverão em paz e se pouparão males inumeráveis, que nascem da discórdia, por sua vez filha do orgulho, do egoísmo, da ambição, da inveja e de todas as imperfeições da humanidade.

O Espiritismo dá aos homens tudo o que é preciso para a sua felicidade aqui na Terra, porque lhes ensina a se contentarem com o que têm. Que os espíritas sejam, pois, os primeiros a aproveitar os benefícios que ele traz, e que inaugurem entre si o reino da harmonia, que resplandecerá nas gerações futuras.[4]

> Nas descobertas da Ciência, a revelação das leis da natureza, que são as leis de Deus: eis o Credo, a religião do Espiritismo.

> O Espiritismo dá aos homens tudo o que é preciso para a sua felicidade aqui na Terra

---

4 KARDEC, Allan. *Revista Espírita*. Dezembro de 1868.

ANEXOS

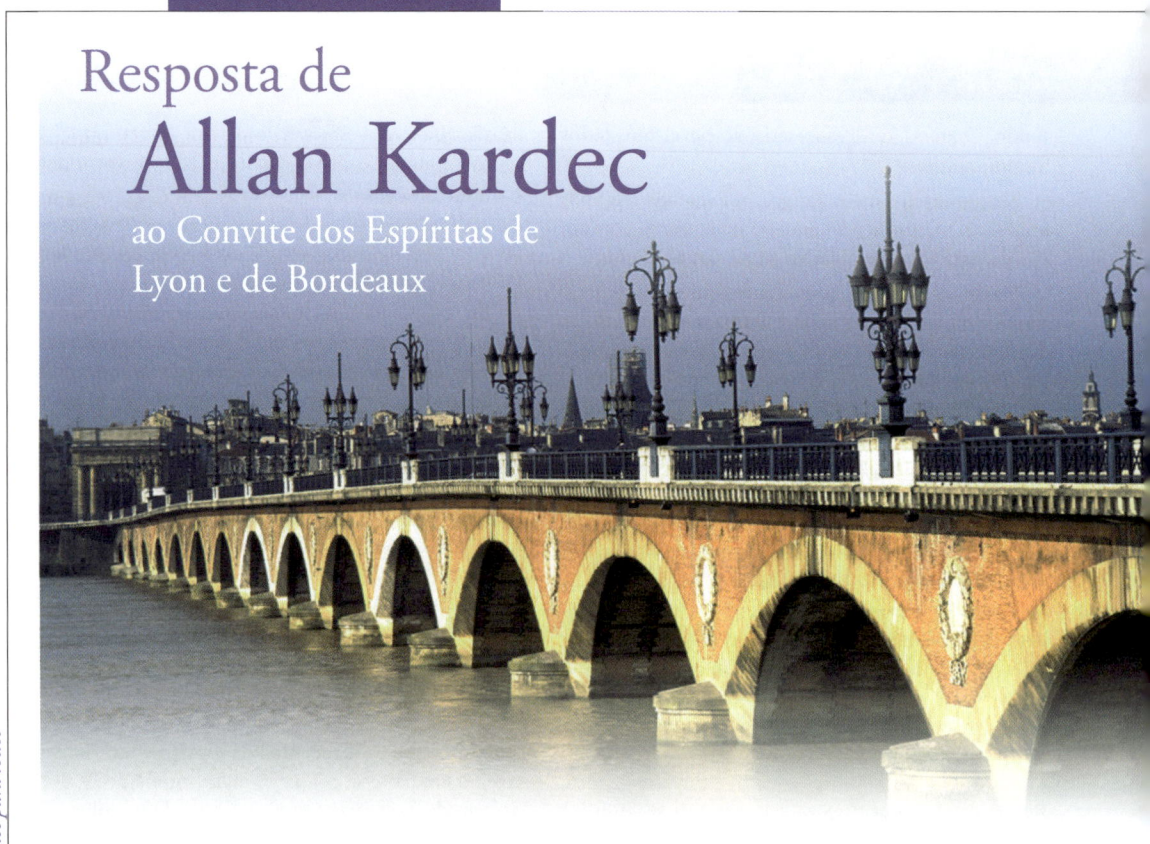

Resposta de Allan Kardec
ao Convite dos Espíritas de Lyon e de Bordeaux

Atendendo a convite dos espíritas de Lyon e Bordeaux, subscrito por quinhentas assinaturas, Allan Kardec empreendeu a sua famosa Viagem espírita em 1862, durante os meses de setembro e outubro daquele ano, comparecendo não só às duas primeiras, mas demorando-se em dezoito outras localidades que se achavam em seu trajeto.

Meus caros irmãos e amigos espíritas de Lyon.

Apresso-me em vos dizer o quanto sou sensível ao novo testemunho de simpatia que acabais de dar-me, com o amável e afetuoso convite para vos visitar ainda este ano. Aceito-o com prazer, porque, para mim, é sempre uma felicidade encontrar-me em vosso meio.

Meus amigos, grande é a minha alegria ao ver a família crescer a olhos vistos; é a mais eloquente resposta aos tolos e ignóbeis ataques contra o Espiritismo.

Parece que tal crescimento lhes aumenta o furor, porque hoje mesmo recebi uma carta de Lyon, anunciando a remessa de um jornal dessa cidade, *La France littéraire*, no qual a Doutrina em geral, e minhas obras em particular, são ridicularizadas de maneira tão infamante que me perguntam se devem responder pela imprensa ou pelos tribunais. Digo que devem responder pelo desprezo. Se a Doutrina não fizesse nenhum progresso, se minhas obras não tivessem vingado, ninguém se inquietaria e nada diriam. São os nossos sucessos que exasperam os inimigos. Deixemo-los, pois, que deem livre expansão à sua raiva impotente, pois essa raiva mostra como sentem próxima a sua derrota; não são tão tolos a ponto de lutarem por um aborto. Quanto mais ignóbeis forem os seus ataques, menos estes devem ser temidos, porque são desprezados pelas pessoas honestas e provam que aqueles não têm boas razões a opor, uma vez que só sabem dizer injúrias.

> Provai, sobretudo pela união e pela prática do bem, que o Espiritismo é a garantia da paz e da concórdia entre os homens

Continuai, pois, meus amigos, a grande obra de regeneração, iniciada sob tão felizes auspícios, e em breve colhereis os frutos da vossa perseverança. Provai, sobretudo pela união e pela prática do bem, que o Espiritismo é a garantia da paz e da concórdia entre os homens, e fazei que, em se vos vendo, se possa dizer que seria desejável que todos fossem espíritas.

Sinto-me feliz, meus amigos, por ver tantos grupos unidos no mesmo sentimento, marchando de comum acordo para o nobre objetivo a que nos propomos.

Sendo tal objetivo exatamente o mesmo para todos, não poderia haver divisões; uma mesma bandeira deve guiar-vos e nela está escrito: *Fora da caridade não há salvação*. Ficai certos de que em torno dela é que a humanidade inteira sentirá necessidade de se congregar, quando se cansar das lutas engendradas pelo orgulho, pela inveja e pela cupidez. Esta máxima, verdadeira âncora de salvação, porque será o repouso depois da fadiga, o Espiritismo terá a glória de ser o primeiro a havê-la proclamado. Inscrevei-a em todos os locais de reunião e em vossas residências. Que, doravante, ela seja a palavra de união entre todos os homens sinceros, que querem o bem, sem segunda intenção pessoal. Mas fazei melhor ainda: gravai-a em vossos corações e, desde já, fruireis a calma e a serenidade que aí encontrarão as gerações futuras, quando ela for a base das relações sociais. Sois a vanguarda; deveis dar exemplo, a fim de encorajar os outros a vos seguirem.

Não vos esqueçais de que a tática de vossos inimigos *encarnados e desencarnados* é dividir-vos. Provai-lhes que perderão o tempo se tentarem suscitar entre os grupos sentimentos de inveja e rivalidade, que seriam uma apostasia da verdadeira Doutrina Espírita cristã.

As *quinhentas* assinaturas que subscrevem o convite que houvestes por bem me enviar representam um protesto contra essa tentativa, e ainda há várias outras que terei o prazer de aí ver. Aos meus olhos é mais que simples fórmula: é um compromisso para marcharmos nos caminhos que nos traçam os bons Espíritos.

Conservá-las-ei preciosamente, porque um dia farão parte dos gloriosos arquivos do Espiritismo.

Ainda uma palavra, meus amigos. Indo ver-vos, uma coisa desejo: é que não haja banquete, e isto por vários motivos. Não quero que minha visita seja ocasião para despesas que poderiam impedir a presença de alguns e privar-me do prazer de ver todos reunidos. Os tempos são difíceis; importa, pois, não fazer despesas inúteis. O dinheiro que isto custaria será mais bem empregado em auxílio aos que, mais tarde, dele necessitarão.

Eu vo-lo digo com toda sinceridade: o pensamento naquilo que fizerdes por mim em tal circunstância poderia ser uma causa de privação para muitos e me tiraria todo o prazer da reunião. Não vou a Lyon a fim de me exibir, nem para receber homenagens, mas para conversar convosco, consolar os aflitos, encorajar os fracos, ajudar-vos com os meus conselhos naquilo que estiver em meu poder fazê-lo. E o que de mais agradável me podeis oferecer é o espetáculo de uma união boa, franca e sólida. Crede que os termos tão afetuosos do vosso convite para mim valem mais que todos os banquetes do mundo, ainda que fossem oferecidos num palácio. O que me restaria de um banquete? Nada, ao passo que vosso convite fica como preciosa lembrança e um penhor de vossa afeição.

Até breve, meus amigos; se Deus quiser terei o prazer de vos apertar as mãos cordialmente.[4]

> Não vou a Lyon a fim de me exibir, nem para receber homenagens, mas para conversar convosco, consolar os aflitos, encorajar os fracos, ajudar-vos com os meus conselhos naquilo que estiver em meu poder fazê-lo.

---

4 KARDEC, Allan. *Revista Espírita*. Setembro de 1862. 1. ed. Rio de Janeiro: FEB, 2005. P. 379–381.

ANEXOS

Sociedade Parisiense de Estudos Espíritas

Sede da Sociedade Parisiense de Estudos Espíritas e local onde desencarnou Allan Kardec.

No dia 1º de abril de 1858, Allan Kardec fundava em Paris a *Sociedade Parisiense de Estudos Espíritas*.

Havia seis meses que reuniões de estudo se faziam em sua casa, então situada à rua dos Mártires, nº 8. Compostas de oito a dez pessoas, eram reuniões íntimas, iguais a muitas outras que já se realizavam em Paris. Entretanto, a exiguidade de espaço na residência do codificador, impossibilitando comportar o crescente número de estudiosos que ali compareciam, fez que alguns dos assistentes levantassem a ideia de se fundar uma sociedade espírita, em local mais amplo. Para cobrir as despesas iniciais, todos se cotizariam. O Sr. Dufaux, cuja filha, Srta. Ermance Dufaux, era o médium principal naquelas reuniões, intercedeu junto às autoridades policiais e judiciárias francesas para que se conseguisse a competente autorização de funcionamento da Sociedade, providência absolutamente indispensável diante da situação conturbada em que então vivia o país.

A princípio, e durante um ano, a Sociedade realizou suas sessões na galeria de Valois, nº 35 (Palais-Royal). Alugaram, em seguida, um dos salões do restaurante Douix, na galeria Montpensier, nº 12, no mesmo Palais-Royal, e ali se reuniam às sextas-feiras, até que a partir de 20 de abril de 1860 a Sociedade ficou definitivamente instalada na rua Sainte-Anne, nº 59, passagem Sainte-Anne, para onde seria transferido, em julho seguinte, o escritório da *Revista Espírita* e o domicílio particular de Allan Kardec. O local, de fácil acesso e bem localizado, também permitia ao codificador receber o crescente número de visitantes, franceses e estrangeiros, nobres e plebeus que cada vez o procuravam mais, a fim de com ele discutirem acerca dos princípios doutrinários expostos em *O livro dos Espíritos*.

De acordo com o seu regulamento, a Sociedade Parisiense de Estudos Espíritas (SPEE) tinha por objeto o estudo de todos os fenômenos relativos às manifestações espíritas e suas aplicações às ciências morais, físicas, históricas e psicológicas. Na verdade, seus estudos eram mais de caráter teórico ou filosófico que experimental. Quando havia experiências, estas jamais visavam a excitar a curiosidade, objetivando apenas a observação, o estudo e a confirmação de princípios doutrinários. Não era uma sociedade de propaganda, como muitos pensavam, pois não formava nem uma seita, nem uma corporação com interesses comuns. Instruir era o seu programa.

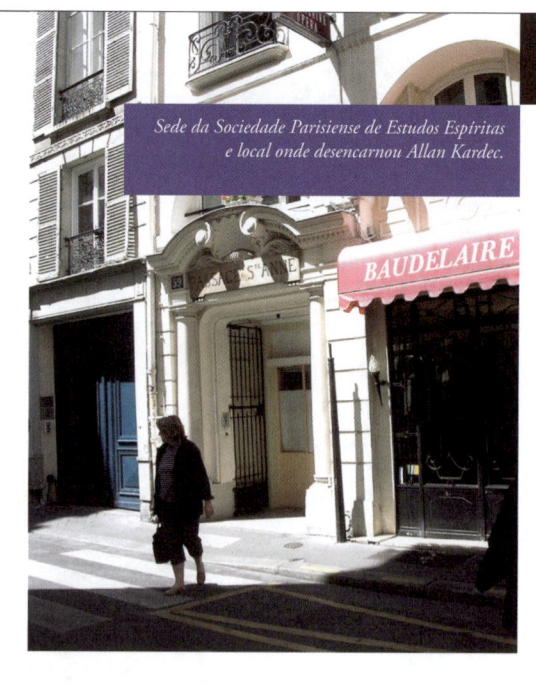

> Quando havia experiências, estas jamais visavam a excitar a curiosidade.

Compunha-se de sócios titulares, associados livres, sócios correspondentes e honorários, todas pessoas sérias e dignas, entre magistrados, médicos, engenheiros, cientistas, literatos, artistas, funcionários civis, oficiais do Exército e da Marinha, negociantes, etc., afora simples operários e alguns membros da nobreza, de modo que o grão-senhor e o artesão aí se davam as mãos fraternalmente.

A diretoria da SPEE constituía-se de presidente, vice-presidente, secretário-geral, secretários adjuntos e tesoureiro, podendo ser nomeados um ou mais presidentes honorários. Era administrada pelo presidente-diretor, assistido pelos membros da diretoria e de uma comissão composta de diretores e sócios titulares. A comissão era igualmente presidida, de direito, pelo presidente-diretor. A fim de prover às suas despesas, os associados titulares e livres pagavam uma cota anual, sendo que os primeiros ainda contribuíam com uma *joia* de admissão.

Allan Kardec fazia questão de observar que a Sociedade Parisiense de Estudos Espíritas, também conhecida como Sociedade Espírita de Paris, ou, simplesmente, Sociedade de Paris, não tinha sobre as demais sociedades outra autoridade que a da experiência. Não se imiscuía em seus afazeres, limitando-se a pareceres oficiais, quando solicitados. O laço que as unia era puramente moral, não existindo entre elas e a SPEE nenhuma filiação, nenhuma solidariedade material.

Havia dois tipos de sessões: gerais e particulares, e nunca foram públicas, pelo menos ao tempo de Kardec. Reuniam-se às sextas-feiras, às vinte horas, intercaladamente. Às gerais admitiam-se, temporariamente, assistentes convidados ou ouvintes recomendados. As sessões particulares eram reservadas exclusivamente aos membros da SPEE; só muito excepcionalmente, e com autorização expressa do presidente, é que pessoas estranhas poderiam delas participar. Por meio de um "Boletim", Kardec dava a conhecer a súmula dos trabalhos de cada sessão geral ou particular; e, quando certas manifestações mediúnicas apresentavam aspectos interessantes e curiosos, o codificador as levava a debate nas sessões, com o propósito de ampliar conhecimentos, estabelecer conceitos novos e confirmar princípios doutrinários.

Foram muitos os médiuns que ao tempo de Kardec serviram na SPEE, quase todos psicógrafos. Não era raro reunirem-se ao mesmo tempo, à volta da mesa, cerca de dez a doze médiuns. Entre os mais citados por Allan Kardec há os nomes dos Srs. Roze, Alfred Didier, Didier Filho, Forbes, Collin, Pécheur, Darcol, d'Ambel, Leymarie, E. Vezy, Flammarion, Albert, Delanne, Bertrand, Nivard, Vavasseur, Desliens, Cazemajour, Morin; das Sras. Parisse, de Boyer, Costel, Schmidt, Patet, Delanne, Breul; e das Srtas. Eugénie, Huet, Stéphanie, A.C., Lateltin.

O "presidente-espiritual" da Sociedade Parisiense de Estudos Espíritas era o Espírito São Luís, que foi, na França, o rei Luís IX. Os sábios conselhos desse Espírito preservaram a Sociedade de vários perigos, e sua proteção pode ser comprovada por diversas vezes. Apesar disso, Allan Kardec debatia com ele certas respostas e até mesmo discordava de outras não muito claras ou precisas, o que levava o Espírito a reescrevê-las. Essa discordância igualmente se manifestava, às vezes, com outros Espíritos não menos elevados. Era comum São Luís fornecer explicações acerca de vários assuntos, solicitados pelo codificador. Este, em muitos casos, já tinha a sua opinião mais ou menos formada, mas, ao ser consultado, o Espírito São Luís apresentava outra, mais simples e racional, que a tornava preferível. Isto vem provar, como Kardec assinalou tantas vezes, que os médiuns não são o reflexo do pensamento de quem os interroga.

A partir de 1860 ficou estabelecido que certas comunicações dos Espíritos, recebidas na SPEE, aí seriam submetidas a exame crítico, a fim de que os Espíritos esclarecessem e desenvolvessem os pontos meio obscuros. O Espírito São Luís concordava com essa medida, considerando-a útil para que os Espíritos mistificadores não tivessem facilidade de penetração. Em diversas oportunidades, o presidente sabatinou os Espíritos comunicantes com perguntas baseadas no texto da dissertação.

Presidida pelo codificador desde a sua fundação, em 1º de abril de 1858, até 31 de março de 1869, quando desencarnou, nem por isso a Sociedade Parisiense de Estudos Espíritas escapou aos ataques e às vicissitudes de que foi alvo, não constituindo, pois, um dos menores percalços na multifária tarefa que Allan Kardec abraçou. Soube, contudo, sobrepor-se às calúnias e maledicências de toda a sorte, firmou-se, cresceu e veio a ser modelo para numerosas associações de estudo e propaganda da Nova Revelação, posteriormente criadas na França e em várias outras partes do mundo, inclusive no Brasil.[5]

> Através de um "Boletim", Kardec dava a conhecer a súmula dos trabalhos de cada sessão geral ou particular.

---

5 NOLETO, Evandro. *Reformador*. "Sociedade Parisiense de Estudos Espíritas". Suplemento Ano 126 – No. 2.149 . Rio de Janeiro: FEB, 2008.

ANEXOS

Expoentes da Codificação

Breves dados biográficos dos Espíritos que assinam mensagens da Codificação Espírita.

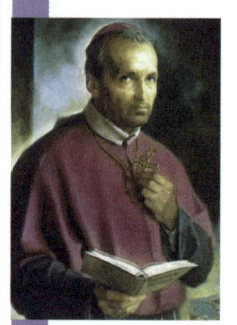

Afonso de Liguori
Nápoles. Itália. (1696–1787)

Afonso Maria Antônio João Cosme Damião Miguel Gaspar de Liguori Marinella, foi advogado de carreira, em 1723 tornou-se padre. Fundou a Congregação Redentorista, constituído de pobres e abandonados. Escritor, escreveu a *Teologia moral*. Em 1871, o Papa Pio IX lhe conferiu o título de "Doutor da Igreja" e, em 1950, Pio XII o proclamou "Patrono dos Confessores e Professores de Teologia Moral".

Arago
Estagel, França. (1786–1853)

Dominique François Jean Arago, foi físico e astrônomo. Secretário do Observatório de Paris, Professor de Geometria Analítica. Confirmou a teoria ondulatória da luz. Descobriu os fenômenos relativos ao magnetismo rotatório. Foi Ministro da Marinha e depois Ministro da Guerra, promulgou o decreto de abolição da escravatura nas colônias francesas.

Benedito de São Filadelfo
Messina, Sicília, Itália. (1526–1589)

Compôs a comunidade dos Irmãos Eremitas Franciscanos. Obteve a fama de produzir milagres, possuir o dom de curar. Foi nomeado Guardião do Convento de Santa Maria de Jesus. Fenômenos mediúnicos como o da levitação e o êxtase ocorriam quando ele se punha a orar. O papa Clemente XIII o beatificou em 1763 e o Papa Pio VII o canonizou em 1807.

Benjamin Franklin
Boston, Estados Unidos. (1706–1790)

Foi jornalista, editor, autor, filantropo, abolicionista, funcionário público, cientista, diplomata e inventor estadunidense; foi também um dos líderes da Revolução Americana, e é muito conhecido pelas suas citações e pelas experiências com a eletricidade. Um homem religioso, calvinista, é ao mesmo tempo uma figura representativa do Iluminismo.

Blaise Pascal
Clermont, Auvergne, França. (1623–1662)

Foi filósofo, físico e matemático francês de curta existência. Especializou-se em cálculos infinitesimais e criou um tipo de máquina de somar, a primeira calculadora mecânica que se conhece.
Após uma "visão divina", abandonou as ciências para se dedicar exclusivamente à teologia. Como teólogo e escritor destacou-se como um dos mestres do racionalismo e irracionalismo modernos.

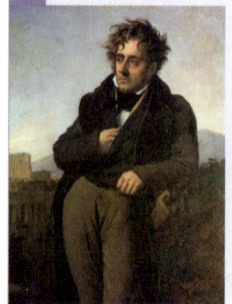

Chateaubriand
(Saint-Malo, França. (1768–1858)

François-René de Chateaubriand, também conhecido como visconde de Chateaubriand, foi escritor, ensaísta, diplomata e político francês que se imortalizou pela sua magnífica obra literária de caráter pré-romântico. Exerceu profunda influência na literatura romântica de raiz europeia, incluindo a lusófona.

Allan Kardec para todos

136

Delphine de Girardin
Aix-La-Chapelle, França.
(1804–1855)

Poetisa, romancista e teatróloga, madame Delphine de Girardin, manteve contato com os espíritos por meio da tiptologia (batida dadas por uma mesa).
Foi amiga pessoal de Victor Hugo.

Emanuel von Swedenborg
Suécia. (1668–1772)

Foi cientista, filósofo, teólogo, inventor, político, artífice, literato e poliglota.
Diversas ocorrências marcantes de habilidade considerada vidência mediúnica foram relatadas sobre Swedenborg.

Emmanuel

Guia espiritual do médium mineiro Francisco Cândido Xavier.
Foi o patrício romano Publius Lentulus, teve a oportunidade de se encontrar pessoalmente com Jesus. Reencarna em 1517, em Portugal, com o nome de Manoel da Nóbrega. Vindo ao Brasil, foi ele quem estudou e escolheu o local para a fundação da cidade de São Paulo, em 1554.

Erasto

É um personagem bíblico do Novo Testamento que teria sido um dos cooperadores de Paulo. Ocupa posição política de destaque em Corinto. Reencarna em 1524 como Thomaz Líber, médico, filósofo e teólogo alemão.

Francisco Xavier
Pamplona, Espanha. (1506–1552)

Foi missionário cristão e apóstolo navarro, pioneiro e cofundador da Companhia de Jesus. A Igreja Católica Romana considera que tenha convertido mais pessoas ao Cristianismo do que qualquer outro missionário, desde São Paulo, merecendo o epíteto de "Apóstolo do Oriente". É o padroeiro dos missionários e também um dos padroeiros da Diocese de Macau. Foi canonizado pelo Papa Urbano VIII.

Félicité Robert de Lamennais
Saint-Malo, França. (1782–1854)

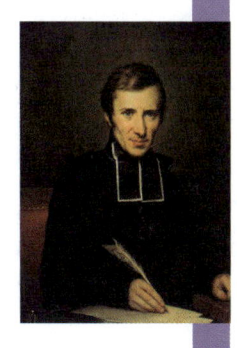

Foi filósofo e escritor político brilhante, tornando-se uma figura influente e controversa na história da Igreja católica francesa. Juntamente com seu irmão Jean, concebeu a ideia de reviver o Catolicismo Romano como uma chave para a regeneração social. Incansável, ele se devotou à causa do povo, colocando sua pena a serviço do Republicanismo e do Socialismo.

Fénelon
Périgord, França. (1651–1715)

François Fénelon, foi teólogo católico apostólico romano, poeta e escritor francês, cujas ideias liberais sobre política e educação esbarravam contra o *statu quo* da igreja e do Estado dessa época. Pertenceu à Academia Francesa de Letras.

ANEXOS

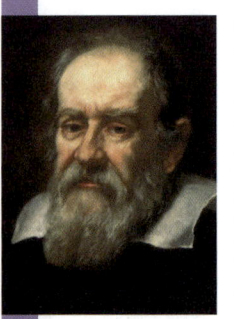

Galileu Galilei
Pisa, Itália. (1564–1642)

Foi físico, matemático, astrônomo e filósofo italiano que teve um papel preponderante na chamada revolução científica.
Descobriu a lei dos corpos e enunciou o princípio da inércia. É considerado como o "pai da ciência moderna". Camille Flammarion, um dos maiores astrônomos do século XIX, durante muito tempo recebeu mensagens assinadas por Galileu, chegou à conclusão de que as mensagens recebidas eram geradas por ele mesmo, ou seja, era um processo anímico. Afinal, segundo informação de Francisco Cândido Xavier, Flammarion era Galileu Galilei reencarnado.

Henri Heine
Düsseldorf, Alemanha. (1797–1856)

Poeta e jornalista, ficou famoso pelos poemas e livros de viagens. Emigrou para Paris no ano de 1831. Ali se tornaria correspondente de grandes jornais alemães. Foi um dos mais inquietos e polêmicos jornalistas de seu tempo. Como prosador é considerado um dos mais ágeis da literatura de língua alemã, em qualquer tempo

Jean Baptiste Massillon
Hyères, França. (1663–1742)

Foi sacerdote católico francês, pregador e bispo de Clermont desde 1717 até sua morte. Representante clássico do moralismo, seus sermões foram muito apreciados por Voltaire e outros iluministas, como modelos de estilo e pela ausência de religiosidade dogmática.

Jean-Jacques Rousseau
Genebra, Suíça. (1712–1778)

Foi filósofo suíço, escritor, teórico político e compositor musical autodidata. Uma das figuras marcantes do Iluminismo francês, Rousseau é também um precursor do Romantismo. As ideias políticas de Rousseau tiveram grande influência nas inspirações ideológicas da Revolução Francesa. A função principal de sua filosofia é libertar o homem. Além disso, Rousseau classifica a liberdade como natural e civil ou moral.

Joana d'Arc
Domrémy-la-Pucelle, França. (1412–1431)

Chamada donzela de Orléans, é a santa padroeira da França e foi uma heroína da Guerra dos Cem Anos, na longa luta contra os ingleses.
Aos 12 anos começou a ter visões e vozes do arcanjo São Miguel que lhe falam da situação do país e lhe revelam a missão.
Foi mártir francesa canonizada em 1920, quase cinco séculos depois de ter sido queimada viva pela própria Igreja.

João Evangelista

Foi um dos doze apóstolos de Jesus e além do *Evangelho segundo João*, também escreveu as três epístolas de João (1, 2, e 3) e o livro do Apocalipse. João seria o mais novo dos 12 discípulos, tinha provavelmente cerca de 24 anos de existência, à altura do seu chamado por Jesus.
Reencarna como Francesco Bernardone, Francisco de Assis, na Itália, no ano 1181.
Fundador da "Ordem dos Frades Menores", mais conhecidos como dos Franciscanos. Foi canonizado em 1228.

OUTROS ESPÍRITOS CUJOS DADOS BIOGRÁFICOS FORAM RESTRITOS:

Adolfo, Bispo de Argel
Dr. Barry
Carita
Dufêtre, Bispo de Nevers

Jean-Marie Baptiste Vianney
Lion, França. (1786–1859)

Conhecido como *o Cura d'Ars*, foi sacerdote francês considerado "o padroeiro dos sacerdotes".
Foi admirável exemplo de vida cristã, exercitou uma eficaz pregação, com oração e caridade. Sua fama de santidade correu por toda a França ainda em vida.

Lacordaire
Recey-sur-Ource, França. (1802–1861)

Foi religioso dominicano, jornalista, educador, deputado e acadêmico.
Foi também escritor e conferencista, destacando-se as suas prédicas na Catedral de Notre–Dame de Paris.

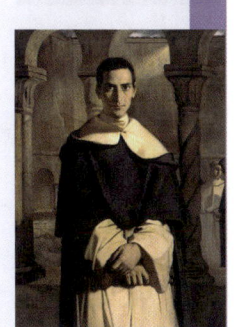

Lázaro

É um personagem bíblico descrito no *Evangelho segundo João* como um amigo que Jesus teria "ressuscitado", irmão de Marta e de Maria.
Seu nome significa "Deus ajudou". De acordo com tradição católica, o Lázaro ressuscitado teria se dirigido a Provença e também teria sido o primeiro bispo de Marselha.

François, de Génève
Isabel de França
Jean Reynaud
João, Bispo de Bordéus
Julio Oliver
Morlot, François Nicolas Madeleine
V. Monod

Luís IX
Poissy, França. (1214–1270)
Luís IX de França *ou*
São Luís de França.

Foi rei de França, o nono da chamada dinastia dos capetianos. No seu reinado a França viveu um excepcional momento político, econômico, militar e cultural, conhecido como o "*o século de ouro de São Luís*". Houve um grande desenvolvimento da justiça real, passando o monarca a representar o *juiz supremo*.

Paulo, o apóstolo
Tarso, c. 3 – 66.

Considerado por muitos cristãos como o mais importante discípulo de Jesus e a figura mais importante no desenvolvimento do Cristianismo nascente.
Destaca-se dos outros Apóstolos pela sua cultura. As suas epístolas formam uma secção fundamental do Novo Testamento.

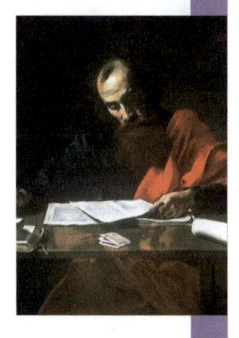

Platão
Atenas (428/27–347 a.C.)

Foi filósofo grego, discípulo de Sócrates, fundador da Academia e mestre de Aristóteles. Platão ocupou-se com vários temas, entre eles ética, política, metafísica e teoria do conhecimento.

Samuel Hahnemann
Meissen, Saxônia, Alemanha. (1755–1843)

Foi o fundador da homeopatia em 1789. A partir de 1796, Hahnemann apurando a sua doutrina, publica diversos artigos em jornais de medicina prática. Nestes artigos expunha os absurdos e erros da medicina ortodoxa, a que ele chamava Alopatia. Em vida publicou mais quatro edições segundo a sua experiência.

ANEXOS

Sanson

Ex-membro da Sociedade Espírita de Paris, desencarnou em abril de 1862. Quase dois anos antes, o Sr. Sanson dirigira a Kardec, na qualidade de presidente da dita Sociedade, uma carta onde solicitava que, após a sua morte, fosse evocado o mais imediatamente possível.

Santo Agostinho
Tagaste (354–430)

Foi bispo, teólogo e filósofo, considerado Doutor da Igreja. Agostinho foi importante para o *batismo* do pensamento grego e a sua entrada na tradição cristã e, posteriormente, na tradição intelectual europeia. O pensamento de Agostinho foi também basilar na orientação da visão do homem medieval sobre a relação entre a fé cristã e o estudo da natureza.

Sócrates
(470–399 a.C. Grécia)

Foi filósofo ateniense e um dos mais importantes ícones da tradição filosófica ocidental e um dos fundadores da atual Filosofia Ocidental.
As fontes de informações sobre Sócrates são Platão, Xenofonte e Aristóteles. Sócrates não valorizava os prazeres dos sentidos.

Timóteo

Homem inteligente e de generosos sentimentos, demonstrou grande interesse ao ouvir falar de Jesus, o que levou Paulo a acariciar-lhe a fronte pensativa, várias vezes.
Passou a acompanhar Paulo de Tarso em suas viagens, desejoso de se consagrar ao serviço de Jesus.

Vicente de Paulo
Pouy, França. (1581–1660)

Foi sacerdote declarado santo em 1737. Um dos grandes protagonistas da Reforma Católica na França do século XVII. Inspirado por seu amor a Deus e aos pobres, foi o criador de obras de amor e caridade; sua vida é uma história de doação aos pobres e de amor a Deus.

William Ellery Channing
Estados Unidos (1780–1842)

Líder unitário norte-americano. Foi ministro da Igreja Unitária de Federal Street, em Boston, Massachusetts. Organizou, nos Estados Unidos, a tentativa para a eliminação da escravidão, da embriaguez, da indigência e da guerra.

Um Espírito Amigo

Assina duas mensagens em *O evangelho segundo o espiritismo*, no cap. IX, item 7 (A paciência) e cap. XVIII, item 15 (Dar-se-á àquele que tem).

Joanna de Ângelis
Espírito que na atualidade orienta a mediunidade de Divaldo Pereira Franco. [7]

---

7 Federação Espírita do Paraná. *Os Expoentes da codificação espírita*. 1. ed. Curitiba: FEPARANA, 2002.

> Espíritos convidados a integrar a equipe do Espírito de Verdade, que traria à Terra a Terceira Revelação.

Bibliografia

01. KARDEC, Allan. *O livro dos espíritos*. Trad. Evandro Noleto Bezerra. 4. ed. Brasília: FEB, 2013.
02. _____. *O livro dos médiuns*. Trad. Evandro Noleto Bezerra. 2. ed. Brasília: FEB, 2013.
03. _____. *O evangelho segundo o espiritismo*. Trad. Evandro Noleto Bezerra. 2. ed. Brasília: FEB, 2013.
04. _____. *O céu e o inferno*. Trad. Evandro Noleto Bezerra. 2. ed. Brasília: FEB, 2013.
05. _____. *A gênese*. Trad. Evandro Noleto Bezerra. 2. ed. Brasília: FEB, 2013.
06. _____. *O que é o espiritismo*. Trad. Evandro Noleto Bezerra. 2. ed. Brasília: FEB, 2013.
07. _____. *Obras póstumas*. Trad. Evandro Noleto Bezerra. 1. ed. Rio de Janeiro: FEB, 2009.
08. _____. *O espiritismo na sua expressão mais simples*. Trad. Evandro Noleto Bezerra. 2. ed. Brasília: FEB, 2013.
09. _____. *Instrução prática sobre as manifestações espíritas*. Trad. Evandro Noleto Bezerra. 2. ed. Brasília: FEB, 2007.
10. _____. *Viagem espírita em 1862 e outras viagens de Kardec*. Trad. Evandro Noleto Bezerra. 1. ed. Rio de Janeiro: FEB, 2006.
11. _____. *Instruções de Allan Kardec ao movimento espírita*. Trad. Evandro Noleto Bezerra. 1. ed. Rio de Janeiro: FEB, 2005.
12. Wantuil, Zeus. *Allan Kardec: o educador e o codificador*. 3. ed. Rio de Janeiro: FEB, 2007.
13. Federação Espírita do Paraná. *Os expoentes da codificação espírita*. 1. ed. Curitiba: FEPARANA, 2002.
14. HU, Luis. *Doutrina espírita para principiantes*. 1. ed. Rio de Janeiro: CEI, 2007.

Referências

Wikipédia. Disponível em: < http://www.wikipedia.org.br> Acesso em: 10 set. 2008.

Créditos das Ilustrações

Abaixo estão numeradas as fontes das ilustrações deste livro. A localização está designada como: (a) acima (b) abaixo (c) centro (e) esquerda (d) direita.

ARQUIVO FEDERAÇÃO ESPÍRITA BRASILEIRA

12a. 12bd. 13a. 13bd. 15. 16. 17. 20b. 21a. 26. 35a. 40b. 43a. 54. 60. 61. 62a. 62c. 68b. 69. 71b. 76. 77. 82b. 96b. 101ad. 102b. 110b. 114b. 116. 117. 118b. 125. 126. 128. 135.

CONSELHO ESPÍRITA INTERNACIONAL

4. 5. 12be. 14a. 14be. 16bd. 16be. 18a. 20a. 21c. 45b. 46a. 72b. 133. 134. 103c. 104c. 105b.

DIVULGAÇÃO

13bd. 18b. 19b. 21bd. 21be. 32c. 33be. 41a. 41c. 42. 43c. 46b. 47a. 48b. 49. 55b. 56b. 57a. 59a. 59c. 68a. 73b. 74a. 84b. 85b. 96c. 97. 102a. 127. 132. 136. 137. 138. 139. 140.

ERIKA DUARTE

8. 9. 18c.

LUIS HU RIVAS

1: Capa. 10–11. 12a. 23. 16a. 17a. 19a. 23. 28. 29. 31bd. 48a. 56a. 58a. 83.

STOCK. XCHNG

6. 7. 19a. 24. 25. 29e. 30c. 30b. 31. 32a. 33bd. 34. 35b. 36. 38. 39. 40a. 47d. 50. 52. 53. 55a. 56c. 57ce. 57b. 58c. 58b. 61a.
62b. 63. 64. 66. 67. 69a. 70. 71a. 72ad. 73ae. 73ad. 74b. 75. 76bd. 77a. 78. 80. 81. 82. 84c. 85a. 86. 87. 88. 89be. 90c. 92. 94. 95. 96a. 98. 99a. 99c. 100. 101a. 101b. 104. 105. 106. 108. 109. 112. 114a. 119ad. 120. 122. 123.

JUICEDROPS

27. 90b. 103a. 103b. 119b.

CAPÍTULO 1
1. a) O livro dos espíritos.
   b) Auto de fé.
   c) Allan Kardec.
   d) Pentateuco Kardequiano.
   e) *Revista Espírita*.
2. e, a, b, c, d.
3. a) O bispo Antonio Palau Termens.
   b) O Espírito Emmanuel.
   c) É o melhoramento dos homens.
   d) Cinco.
   e) *O livro dos médiuns*.
4. a) F b) F c) F d) F e) V

CAPÍTULO 2
1. a) Espíritos superiores.
   b) cepa.
   c) átomo — arcanjo.
   d) transformação.
   e) sociedade.
2. c, d, e, a, b.
3. a) A matéria e o espírito.
   b) No grau de adiantamento deles.
   c) Um Espírito encarnado.
   d) Jesus.
   e) Quando a humanidade estiver transformada.
4. a) V b) F c) F d) V e) V

CAPÍTULO 3
1. a) os Espíritos.
   b) experimentadores.
   c) obsessão.
   d) médium.
   e) bons.
2. d, a, e, b, c.
3. a) Se apagam.
   b) A escrita manual.
   c) Efeitos físicos e efeitos inteligentes.
   d) Espíritas cristãos.
   e) Mecânicos, Semimecânicos e Intuitivos.
4. a) V b) V c) V d) V e) V

CAPÍTULO 4
1. a) virtudes dos céus.
   b) cristã.
   c) ensino moral.
   d) Nova Era.
   e) Caridade — Humildade.
2. e, d, c, b, a.
3. a) A Ciência e a Religião.
   b) Consiste em elevar nossa alma a Deus.
   c) O concurso dos Espíritos bons.
   d) Na vida presente e fora desta vida.
   e) Expiação e de provas.
4) a) F b) F c) F d) F e) V

CAPÍTULO 5
1. a) unidade de crenças.
   b) Inferno — Céu.
   c) espontaneamente.
   d) evocar os mortos.
   e) inteligências.
2. d, c, b, e, a.
3. a) A cada um segundo as suas obras, no Céu como na Terra.
   b) É o estado existente na transição da vida corporal para a espiritual.
   c) Varia de algumas horas a alguns anos.
   d) Dos mundos felizes.
   e) *Levítico e Deuteronômio*.
4) a) V b) V c) V d) F e) V

CAPÍTULO 6
1. a) Espíritos bons.
   b) O Espiritismo.
   c) aparições.
   d) Gênese — Ciência.
   e) Gênese.
2. b, e, a, d, c.
3. a) O elemento espiritual e o elemento material.
   b) É a matéria elementar primitiva.
   c) Foi a revolução que seus ensinos produziram no mundo.
   d) É o processo da emigração de Espíritos a outros planetas.
   e) Newton.
4. a) V b) V c) V d) V e) V

CAPÍTULO 7
1. a) egoísmo.
   b) espírito.
   c) arte espírita.
   d) a falta de unidade.
   e) teórico — popularizar.
2. c, d, a, b, e.
3. a) Trabalho, solidariedade, tolerância.
   b) Trata-se de música do céu, é muito mais bela do que a da Terra.
   c) Um homem justo de muita sabedoria.
   d) Àqueles em quem a faculdade mediúnica se manifesta por efeitos ostensivos.
   e) Camille Flammarion.
4. a) F b) V c) F d) V e) V

CAPÍTULO 8
1. a) Cristo–Moisés.
   b) ultrapassado.
   c) Lyon-Bordeaux.
   d) uma doutrina filosófica.
   e) mundo espiritual.
2. b, a, e, c, d.
3. a) Nenhuma.
   b) Aos que não têm uma fé ou que duvidam.
   c) A verdade.
   d) A viagem de 1862 foi a mais importante.
   e) O Espiritismo é uma ciência que trata da natureza, origem e destino dos Espíritos, bem como de suas relações com o mundo corporal.
4. a) V b) V c) V d) V e) V

O que é Espiritismo?

O ESPIRITISMO É UM CONJUNTO DE PRINCÍPIOS E LEIS revelados por Espíritos superiores ao educador francês Allan Kardec, que compilou o material em cinco obras que ficariam conhecidas posteriormente como a Codificação: *O livro dos espíritos, O livro dos médiuns, O evangelho segundo o espiritismo, O céu e o inferno e A gênese.*

Como uma nova ciência, o Espiritismo veio apresentar à humanidade, com provas indiscutíveis, a existência e a natureza do mundo espiritual, além de suas relações com o mundo físico. A partir dessas evidências, o mundo espiritual deixa de ser algo sobrenatural e passa a ser considerado como inesgotável força da natureza, fonte viva de inúmeros fenômenos até hoje incompreendidos e, por esse motivo, são tidos como fantasiosos e extraordinários.

Jesus Cristo ressaltou a relação entre homem e Espírito por várias vezes durante sua jornada na Terra, e talvez alguns de seus ensinamentos pareçam incompreensíveis ou sejam erroneamente interpretados por não se perceber essa associação. O Espiritismo surge então como uma chave, que esclarece e explica as palavras do Mestre.

A Doutrina Espírita revela novos e profundos conceitos sobre Deus, o universo, a humanidade, os Espíritos e as leis que regem a vida. Ela merece ser estudada, analisada e praticada todos os dias de nossa existência, pois o seu valioso conteúdo servirá de grande impulso à nossa evolução.

Conselho Editorial:
Jorge Godinho Barreto Nery – Presidente
Geraldo Campetti Sobrinho – Coord. Editorial
Edna Maria Fabro
Evandro Noleto Bezerra
Maria de Lourdes Pereira de Oliveira
Marta Antunes de Oliveira de Moura
Miriam Lúcia Herrera Masotti Dusi

Produção Editorial:
Rosiane Dias Rodrigues

Revisão:
Elizabete de Jesus Moreira

Projeto Gráfico:
Luis Raynaud Hu Rivas

Capa:
Luis Raynaud Hu Rivas
Thiago Pereira Campos

Diagramação:
Thiago Pereira Campos

Normalização Técnica:
Biblioteca de Obras Raras e Documentos Patrimoniais do Livro

Esta edição foi impressa pela Edelbra Gráfica e Editora Ltda., Erechim, RS, com tiragem de 6 mil exemplares, todos em formato fechado de 172x250 mm e com mancha de 165x227 mm. Os papéis utilizados foram o Offset 90 g/m² para o miolo e o Cartão Triplex 300 g/m² para a capa. O texto principal foi composto em Adobe Garamond 9/10,8 e os títulos em Adobe Garamond 48/57. Impresso no Brasil. *Presita en Brazilo.*